Marisa Herzog

Geschichte einfach und handlungsorientiert:

Die Steinzeit

Marisa Herzog ist ausgebildete Lehrerin, Schulische Heilpädagogin, Betriebsökonomin und Personalleiterin. Derzeit arbeitet sie als Lehrerin in der Schweiz.

Gedruckt auf umweltbewusst gefertigtem, chlorfrei gebleichtem und alterungsbeständigem Papier.

1. Auflage 2009
© Persen Verlag GmbH, Buxtehude

4. Auflage 2014
© Persen Verlag, Hamburg
AAP Lehrerfachverlage GmbH,
Alle Rechte vorbehalten.

Das Werk als Ganzes sowie in seinen Teile unterliegt dem deutschen Urheberrecht. Der Erwerber des Werkes ist berechtigt, das Werk als Ganzes oder in seinen Teilen für den eigenen Gebrauch und den Einsatz im Unterricht zu nutzen. Downloads und Kopien dieser Seiten sind nur für den genannten Zweck gestattet, nicht jedoch für einen weiteren kommerziellen Gebrauch, für die Weiterleitung an Dritte oder für die Veröffentlichung im Internet oder in Intranets. Die Vervielfältigung, Bearbeitung, Verbreitung und jede Art der Verwertung außerhalb der Grenzen des Urheberrechts bedürfen der vorherigen schriftlichen Zustimmung des Verlages.

Sind Internetadressen in diesem Werk angegeben, wurden diese vom Verlag sorgfältig geprüft. Da wir auf die externen Seiten weder inhaltliche noch gestalterische Einflussmöglichkeiten haben, können wir nicht garantieren, dass die Inhalte zu einem späteren Zeitpunkt noch dieselben sind wie zum Zeitpunkt der Drucklegung. Der Persen Verlag übernimmt deshalb keine Gewähr für die Aktualität und den Inhalt dieser Internetseiten oder solcher, die mit ihnen verlinkt sind, und schließt jegliche Haftung aus.

Illustrationen: Barbara Gerth
Satz: Satzpunkt Ursula Ewert GmbH

ISBN 978-3-8344-3325-1

www.persen.de

Inhaltsverzeichnis

Einführung 4

Aufbau des Buches 4

Die Entwicklung des Menschen 6

Auf den Spuren der ersten Menschen 6
Zeitstrahl ①–②...................... 10
Das Aussehen der Menschen............. 12

Die Altsteinzeit............... 14

Das Klima der Altsteinzeit................ 15
Materialien und Werkzeuge 16
Die Entdeckung des Feuers 21
Die Lebensweise der Menschen.......... 24
Lückentext: Altsteinzeit................. 25
Tiere der Altsteinzeit 26
Das Leben als Jäger und Sammler 30
    Frauen und Kinder 30
    Männer und ihre Tricks beim Jagen 31
Wozu ein Mammut zu gebrauchen war 34
Die Speisen der Steinzeitfamilien.......... 35
Wie die Menschen wohnten 36
Die Höhlenmalerei 38
Lernwörter: Altsteinzeit 40
Diktat: Altsteinzeit 42
Steinzeit-Geschichten schreiben 49

Die Mittel- und Jungsteinzeit ... 50

Zeitstrahl ③ 51
Neue Entdeckungen der Menschen 52
Lückentext: Mittel- und Jungsteinzeit ① 53
Das Klima der Mittel- und Jungsteinzeit...... 54

Die Menschen werden sesshaft 55
Die Menschen bauen Dörfer.............. 56
Quiz 57
Der Ackerbau........................ 58
Lückentext: Mittel- und Jungsteinzeit ② 59
Fladenbrot/Stockbrot backen 60
Die Viehzucht........................ 61
Vorräte anlegen...................... 64
Töpfern von Tongefäßen................. 65
Spinnen und Weben 66
Arbeitsteilung und Tauschhandel.......... 69
Lernwörter: Mittel- und Jungsteinzeit 70

Vergleich: Altsteinzeit und Mittel-/Jungsteinzeit....... 72

Die großen Zeitspannen sichtbar machen 75

Steinzeit-Dorffest.............. 76

Rätsel und Spiele 79

Großes Steinzeit-Quiz.................. 79
Großes Steinzeit-Kreuzworträtsel........... 81
Kleines Steinzeit-Rätsel 84
Steinzeit-Würfelspiel.................... 85

Das sollte ich jetzt wissen 87

Steinzeit-Test 89

Lösungen...................... 92

Einführung, Aufbau des Buches

Einführung

Wer ist nicht von den Anfängen der Menschheit fasziniert? Welch ein Erlebnis, dem Alltag der früheren Zeit nachzuspüren und von Grund auf zu erfahren, wie sich die Menschen und Fertigkeiten entwickelt haben! Das Thema Steinzeit ist hierfür der perfekte Ansatzpunkt.

Indem die Schülerinnen und Schüler zum Beispiel selbst versuchen, mit Naturmaterialien Werkzeuge und Gegenstände herzustellen, erfahren sie, wie schwierig und mühselig das Leben und die Arbeit gewesen sein muss. Indem sie eigenhändig ausprobieren, wie die Menschen damals ohne moderne Hilfsmittel Feuer entfachten, Brot backten oder Erdfarbe für Höhlenmalereien anrührten, spüren sie den Geist, der die Menschen damals dazu angetrieben hat und bis heute stets dazu antreibt, nach Erleichterungen und Fortschritt zu streben.

Viele Ideen zum Thema Steinzeit finden Sie in diesem Buch. Weitere konkrete Möglichkeiten, sich damit auseinanderzusetzen und spannende Entdeckungen zu machen, das Thema weiterzuführen und zu vertiefen, können natürlich jederzeit ergänzt werden. Hier sind der Fantasie keine Grenzen gesetzt.

Aufbau des Buches

Der Inhalt kann grundsätzlich von den Kindern selbstständig bearbeitet werden. Durch eine Mischform von Inputs durch die Lehrperson im Klassenverband sowie Einzel-, Partner- oder Gruppenarbeit kann das Thema jedoch noch ansprechender gestaltet werden.

Das Buch ist thematisch in vier Hauptteile gegliedert:
- Altsteinzeit
- Mittel- und Jungsteinzeit
- Gegenüberstellung der beiden Epochen
- Zusatzmaterialien.

Einführung, Aufbau des Buches

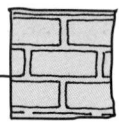

Dabei werden Mittel- und Jungsteinzeit zusammengefasst, um die Lernenden nicht mit allzu vielen Zahlen und Zeiträumen zu verwirren. Aus dem gleichen Grund sind z. B. jeweils anstelle von ganzen Zeiträumen nur die Daten des ersten Auftretens der verschiedenen Arten der Gattung Mensch (homo) angegeben.

Die einzelnen Kapitel werden in kleinen Schritten erarbeitet:

Kurze, informative Texte sind jeweils von Aufgaben zum Verständnis und zur Vertiefung begleitet und fordern zur intensiven Auseinandersetzung mit dem Gelesenen auf.
Dabei werden den Schülerinnen und Schülern die einzelnen Kapitel mit abwechslungsreichen Fragestellungen, gezielten Aufträgen, Lückentexten, Zuordnungsübungen sowie durch handlungsorientierte Aufgaben nähergebracht.

Weil Wissensvermittlung ohne die dazu erforderlichen sprachlichen Grundlagen nicht auskommt, wird dem sprachlichen Aspekt eine große Bedeutung zugemessen. Dementsprechend wird die Arbeit am Wortschatz, mit Lernwörtern, Rätseln und verschiedenen Schreibanlässen ebenfalls berücksichtigt. Für den übergreifenden Einsatz wird zusätzlich ein Diktat mit vielen Übungen angeboten.

In einem Steinzeit-Quiz, mehreren Steinzeit-Rätseln sowie einem Steinzeit-Würfelspiel wird das Gelernte spielerisch wiederholt und gefestigt.

Das Steinzeit-Dorffest bietet tolle Ideen und Anregungen für einen handlungsorientierten Abschluss oder für eine Projektwoche.

Um den Schülerinnen und Schülern ein gezieltes Lernen zu ermöglichen, werden ihnen vor der Durchführung der Lernkontrolle die erarbeiteten Lernziele angegeben.

Die Entwicklung des Menschen

Auf den Spuren der ersten Menschen

Woher wissen wir heute, was vor vielen Tausend Jahren war?

An verschiedenen Orten in Afrika, Europa und Asien wurden Knochen- und Zahnreste, Werkzeuge aus Stein, Knochen und Holz sowie Feuerstellen, Lager und Gräber gefunden. Durch solche Entdeckungen können wir uns heute ein Bild über die Entwicklung des Menschen machen.

Die hierfür zuständigen Forscher nennt man Archäologen und Anthropologen. Die Archäologie untersucht die vergangenen Zeiten, die Anthropologie ist die Lehre vom Menschen.

❶ Diese Zeitungsmeldung ist frei erfunden und hat Fehler. Streiche die drei Wörter durch, die ganz sicher falsch sind.

Mittwoch, 26. August 2009

Sensationelle Funde aus der

Zwei Archäologen haben in Mexiko in einem Grab die Überreste einer Steinzeitfrau gefunden. Neben ihr lagen Werkzeuge und Schmuck aus schwerem Eisen. Man nimmt an, dass die Frau bei einem Zusammenstoss mit einer Lokomotive ums Leben gekommen ist.

Die Entwicklung des Menschen

Auf den Spuren der ersten Menschen

Der Mensch gehört zur Familie der Primaten.
In dieser Familie zählt er zu der Gruppe der Menschenaffen.

Dazu zählen: | Orang-Utan | | Mensch | | Gorilla | | Schimpanse |

Vor ca. 2-3 Mio. Jahren entwickelten sich in Afrika die ersten Vertreter der **Gattung Homo** (Homo bedeutet Mensch).

Vor 1,8 Mio. Jahren entwickelte sich der **Homo habilis** (geschickter Mensch). Er konnte Steine gezielt bearbeiten und als Werkzeuge verwenden.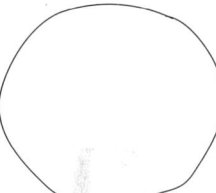

Vor etwa 1,8 Mio. Jahren entwickelte sich der **Homo erectus** (aufrecht gehender Mensch).
Vor 1,6 Mio. Jahren war der Homo erectus die erste Art, die Afrika verließ. Vor 790.000 Jahren lernte er als Erster, das Feuer zu nutzen.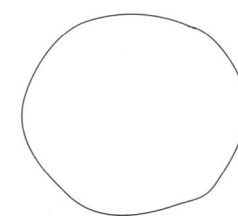

Vor ca. 160.000 Jahren entwickelte sich aus dem Homo erectus in Europa der **Neandertaler**.
Er heißt Neandertaler, weil seine Überreste im Neandertal bei Düsseldorf gefunden wurden.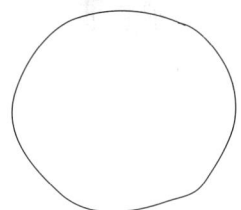

Vor 160.000 Jahren ging in Afrika aus dem Homo erectus der **Homo sapiens** (kluger, vernunftbegabter Mensch), also der heutige Mensch, hervor. Vor 60.000-70.000 Jahren begann die Ausbreitung des Homo sapiens von Afrika aus.

Vor 35.000-10.000 Jahren lebten die ersten Menschen, die uns ähnlich sahen. Man nennt sie **Cro-Magnon-Menschen**, weil man ihre Überreste in Cro-Magnon in Frankreich gefunden hat.
Sie sind Vertreter der modernen Menschen (homo sapiens).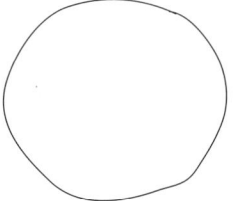

Die Entwicklung des Menschen

Auf den Spuren der ersten Menschen

❶ Ergänze die Infokästen und klebe sie auf den Zeitstrahl ① und ②.

Zeichne einen Pfeil zur angegebenen Zeit auf den Zeitstrahl.

Vor 60.000–70.000 Jahren breitete sich der _____ von Afrika her aus.

Vor _____ Jahren lernte er als Erster, das Feuer zu nutzen.

Vor 160.000 Jahren entwickelte sich in Afrika aus dem Homo erectus der Homo sapiens, also der heutige _____

Vor 1,8 Mio. Jahren entwickelte sich der Homo habilis (_____ Mensch).

Vor _____ Mio. Jahren verließ der Homo erectus als erste Art Afrika.

Vor _____ Mio. Jahren entwickelten sich in Afrika die ersten Vertreter der Gattung Homo (Mensch).

Vor 35.000-10.000 Jahren lebten die ersten Menschen, die uns ähnlich sahen. Man nennt sie _____

Vor _____ Mio. Jahren entwickelte sich der _____ (aufrecht gehender Mensch).

Aus dem Homo erectus entwickelte sich vor 160.000 Jahren in Europa der N_____

Die Entwicklung des Menschen

Auf den Spuren der ersten Menschen

❶ Klebe die Zeichnungen der früheren Menschen in die Kreise zum Text auf Seite 7.

| Homo habilis | Homo erectus | Neandertaler | Homo sapiens (Cro-Magnon) |

❷ Klebe die Köpfe auf dem Zeitstrahl in die richtige Zeitspanne.

| Homo habilis | Homo erectus | Neandertaler | Homo sapiens (Cro-Magnon) |

Marisa Herzog: Geschichte einfach und handlungsorientiert: Die Steinzeit
© Persen Verlag

Die Entwicklung des Menschen

Zeitstrahl ①

Name der Zeit: _____

Klebefläche

500.000 v. Chr.
1.000.000 v. Chr.
1.500.000 v. Chr.
2.000.000 v. Chr.
2.500.000 v. Chr.
3.000.000 v. Chr.

Zeitstrahl ① und ② zusammenkleben.

10 — Marisa Herzog: Geschichte einfach und handlungsorientiert: Die Steinzeit © Persen Verlag

Die Entwicklung des Menschen

Zeitstrahl ②

- 50.000 v. Chr.
- 75.000 v. Chr.
- 100.000 v. Chr.
- 125.000 v. Chr.
- 150.000 v. Chr.
- 175.000 v. Chr.
- 200.000 v. Chr.
- 225.000 v. Chr.
- 250.000 v. Chr.

Klebefläche

Marisa Herzog: Geschichte einfach und handlungsorientiert: Die Steinzeit
© Persen Verlag

Die Entwicklung des Menschen

Das Aussehen der Menschen

Die Steinzeitmenschen waren etwas kleiner als die heutigen Menschen. Die Ähnlichkeiten zu heutigen Menschen entwickelten sich mit der Zeit.

❶ Beschreibe ihr Aussehen mithilfe der Bilder. Verwende die Stichworte.

Der **Homo habilis** wurde etwa 1,45 m groß und hatte noch ein affenähnliches Gesicht. Seine Stirn war flach und kurz.
Die Haare waren dicht und wuchsen stark, die Augen lagen tief in ihren Höhlen.
Auffällig waren sein zurückweichendes Kinn und der kurze Hals.

Die Nase war _____.

Der **Homo erectus** _____

_____

_____

_____

_____

_____

> einem heutigen Mensch schon etwas ähnlicher – flache Stirn – große Augenbrauenwölbung – kleine Zähne

Die Entwicklung des Menschen

Der **Neandertaler** _____

_____

_____

_____

_____

_____

_____

> flache, niedrige Stirn – Wülste über den Augen – großer Kopf – fliehendes Kinn

Der **Homo sapiens** _____

_____

_____

_____

_____

> Augenwülste verschwanden immer mehr – Stirn- und Schädelwölbung wurden höher – lebt als einzige Art heute noch

Die Altsteinzeit

Die Altsteinzeit

Die Steinzeit lässt sich in Alt-, Mittel- und Jungsteinzeit einteilen.
Die Altsteinzeit war der längste Zeitabschnitt der Menschheitsgeschichte.
Sie dauerte von 2.500.000 v. Chr. bis ca. 8.000 v. Chr.

Der Name Steinzeit kommt daher, dass die Menschen damals
ihre Werkzeuge und Waffen zum größten Teil
aus Stein herstellten.
Der erste Mensch, der dies gezielt und geschickt konnte,
war der Homo habilis (geschickter Mensch).
Mit einem besonderen Schlagstein wurden
von einem anderen Stein Splitter abgeschlagen.
Diese Splitter dienten dann als Messer, Schaber oder Bohrer.
Eines der wichtigsten Werkzeuge war der Faustkeil,
ein Stein, der genau in eine Hand passte und sehr scharfe Kanten hatte.

❶ Markiere den Zeitabschnitt der Altsteinzeit auf den Zeitstrahlen ①/②
farbig.

❷ Warum heißt die Steinzeit „Steinzeit"?

_____

_____

❸ Eines der wichtigsten Werkzeuge war der:

_____

❹ Unterstreiche die Beschreibung dieses Werkzeuges im Text.

Die Altsteinzeit

Das Klima der Altsteinzeit

Die Kalt- und Warmzeiten

Zur Zeit der Altsteinzeit gab es Kalt- und Warmzeiten.
Kaltzeiten gibt es schon seit Millionen von Jahren.
Kalt- und Warmzeiten wechseln sich immer ab.
Seit den letzten 800.000 Jahren dauern diese Kaltzeiten
um die 100.000 Jahre. In diesen Zeitspannen waren die Temperaturen
viel niedriger als normal. Die Gletscher wurden größer und breiteten
sich aus. Viele Tiere und Pflanzen starben aus. Nur wenige Lebewesen
konnten in dieser Kälte überleben, zum Beispiel das Mammut,
das Wollnashorn, Bären, Eisbären und Wölfe. Die Menschen
zogen in den Kaltzeiten in die etwas wärmeren Regionen.
Aber auch hier war es kälter als üblich.

❶ So lange dauert eine Kaltzeit: _____

❷ Das folgt auf jede Kaltzeit: _____

Die letzten vier großen Kaltzeiten hat man nach Flüssen benannt:

Alpenraum	Norddeutschland	begonnen
Günz	Menap	700.000 v. Chr.
Mindel	Elster	500.000 v. Chr.
Riss	Saale	250.000 v. Chr.
Würm	Weichsel	100.000 v. Chr.

Die Würm- oder Weichsel-Kaltzeit ging etwa 10.000 v. Chr. zu Ende.
Seither sind wir wieder in einer Warmzeit, die auch heute noch andauert.

❸ Zeichne auf diesem Zeitstrahl die Kaltzeiten blau
und die Warmzeiten rot.

800.000 700.000 600.000 500.000 400.000 300.000 200.000 100.000 Jahr 0

Marisa Herzog: Geschichte einfach und handlungsorientiert: Die Steinzeit
© Persen Verlag

Die Altsteinzeit

Materialien und Werkzeuge

Obwohl man dieser frühen Zeit den Namen „Steinzeit" gegeben hat, stellten die damaligen Menschen natürlich nicht nur Werkzeuge und Gegenstände aus Stein her. Auch Holz, Tierknochen, Tierzähne und Tierfelle wurden verwendet. In den Höhlen der Vorzeit fanden die Archäologen jedoch nur Werkzeuge und Waffen aus Stein, denn das Holz, Leder und andere Materialien sind nicht erhalten geblieben.

Für die Jagd wurden Pfeil und Bogen verwendet. Die Werkzeuge wurden immer spezialisierter. Auch Harpune, Speer und Steinschleudern waren damals schon bekannt.

❶ Nenne fünf Materialien, aus denen die Menschen Werkzeuge herstellten.

_____
_____
_____

❷ Nenne vier weitere Werkzeuge, die sie für die Jagd verwendeten.

_____
_____
_____

Die Altsteinzeit

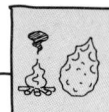

Materialien und Werkzeuge

Holz

Holz war für die Urmenschen leicht zu finden, denn es gab damals schon viele Bäume auf der Erde.
Das Holz konnte für verschiedene Zwecke benutzt werden.

❶ Zeichne, wie das Holz damals verwendet wurde.

Viele **Werkzeuge und Waffen** wurden aus Holz gefertigt, z. B. Pfeil und Bogen, Harpune, Speer.	Aus Holz konnte eine **Aufhängevorrichtung** zum Trocknen von Tierhäuten gebaut werden.	Kleinere und größere **Gefäße** wurden aus Holz gemacht.
Man konnte Holz als **Floß** verwenden, weil es gut schwimmt.	Ein großer Holzstamm konnte als **Brücke** über einen breiten Bach dienen.	Weil Holz gut brennt, wurde es für das **Feuer** verwendet.

Die Altsteinzeit

Materialien und Werkzeuge

Stein

Der Stein war das Material, das von den Urmenschen
am meisten verwendet wurde. Das älteste Werkzeug war der Faustkeil,
ein gehauener, birnenförmiger Stein mit scharfen Kanten.
Nicht jeder Stein war für die Bearbeitung gleich gut geeignet.
Sehr häufig wurde der Feuerstein gebraucht. Er war überall zu finden,
einfach zu verarbeiten, widerstandsfähig und scharf.
Man zerschlug den Stein und dabei entstanden viele äußerst scharfe
Splitter, die man zum Schneiden und Sägen gebrauchen konnte.
So entstanden die ersten Werkzeuge und Waffen: Messer, Schabeisen
(um das Fleisch von der Tierhaut zu lösen), Dolche, Pfeilspitzen und
Speere.

❶ Wie wurden Werkzeuge aus Stein hergestellt?

Es gab verschiedene Techniken, mit denen die Steine bearbeitet wurden. Beschreibe, wie auf dem Bild ein Faustkeil hergestellt wird.

Die Altsteinzeit

Materialien und Werkzeuge

Knochen

Auch Tierknochen konnten als Werkzeuge gebraucht werden.

❶ Nummeriere die Texte zu den passenden Zeichnungen.

(1) Man brauchte:
- einen Knochen
- einen scharfen Feuersteinsplitter
- einen spitzen Feuerstein
- einen weichen Schleifstein
- und viel Geduld.

◯ Nach einiger Zeit löste sich die Nadel aus dem Knochen.

◯ Mit einem spitzen Feuerstein wurde zum Schluss noch ein Loch in das dicke Ende der Nadel gebohrt.

◯ Die herausgelöste Nadel wurde spitz geschliffen. Hierfür verwendete man einen weichen Stein.

◯ Mit dem scharfen Feuersteinsplitter ritzte man die Form einer Nadel in ein Knochenstück.

Als Fäden benutzten die Frauen Tiersehnen zum Nähen.

Die Altsteinzeit

Materialien und Werkzeuge

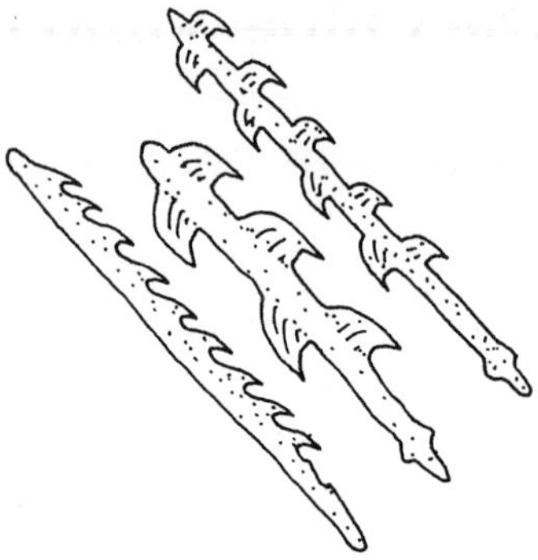

Tierzähne und Geweihe

Neben Holz, Stein und Tierknochen
nutzte der Steinzeitmensch auch die Zähne
und die Geweihe von Tieren.
Er fertigte daraus Harpunen und Speere.
Dazu schnitt er einzelne Zacken wie Widerhaken aus
und befestigte das dickere Ende mit einem Riemen an einem Stab.

Waffen

Waffen waren in der Steinzeit Werkzeuge, die überlebensnötig waren.
Auf diesen Bildern siehst du einige der damals am häufigsten benutzten
Waffen: **Pfeil und Bogen, Stoßlanze und Wurfspeer, Harpune, Speerschleuder** sowie Jagdszenen mit diesen Waffen.

❶ Schreibe die Bezeichnungen der Waffen in die Kästchen.

Die Altsteinzeit

Die Entdeckung des Feuers

In der Altsteinzeit machten die Menschen (genauer: der Homo erectus) eine entscheidende Entdeckung. Sie lernten, wie sie Feuer selbst erzeugen und für sich nutzen konnten. Wann der Mensch zum ersten Mal selber Feuer machte, weiß man nicht ganz genau.
Einige Funde deuten aber darauf hin, dass dies schon vor 790.000 Jahren der Fall war.

❶ Feuer erzeugen: Verbinde die Erklärung mit dem passenden Bild.

Feuerpflug: Am Anfang rieb man zwei Holzstäbe so lange aneinander, bis es Funken gab.

Feuersteine: Später verwendete man einen Feuerstein und einen Pyrit (Schwefelkies), die man gegeneinanderschlug, bis Funken entstanden.

Feuerbohrer: Hierbei wurde ein Stab auf ein Holzstück gesetzt. Diesen drehte man zwischen den Handflächen, bis sich Glut bildete.

Bogenbohrer: Hierbei drehte man einen Stab auf einem Holzstück mithilfe eines Bogens. Den Stab drückte man mit einem Stein, der ein Loch hatte, fest auf.

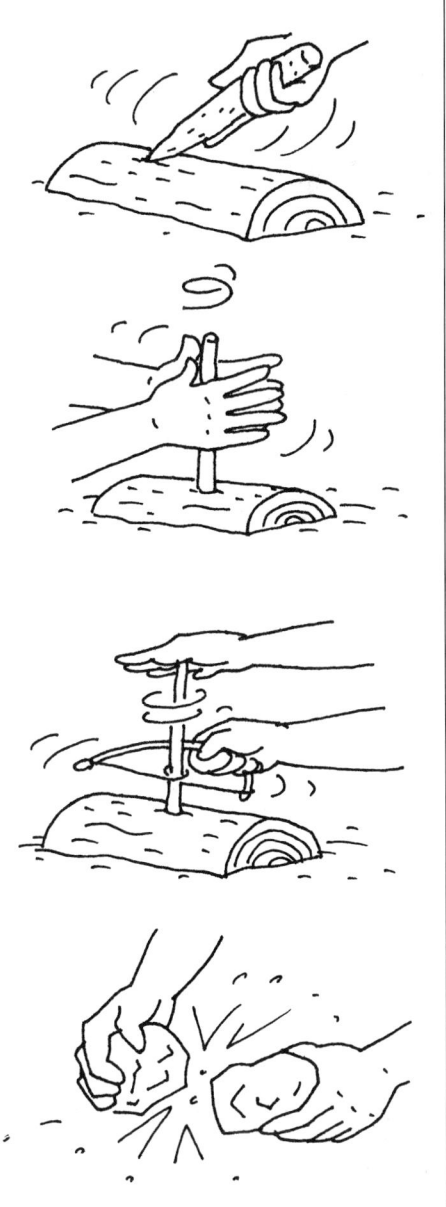

Die Altsteinzeit

Die Entdeckung des Feuers

❶ Weshalb war das Feuer für die ersten Menschen so wertvoll? Wozu brauchten sie es?

Schreibe fünf Gründe auf.

> Wärme   Braten   Licht   Schutz
>
> wilde Tiere   Waffen
>
> Herstellung   Kochen

1. _____

2. _____

3. _____

4. _____

5. _____

Aus diesen Gründen passten die Menschen sehr gut auf,
dass ihr Feuer nicht ausging.
In jeder Familie gab es jemanden, der dafür verantwortlich war.
Meist waren das ältere Männer, die nicht mehr auf die Jagd gehen konnten.

Die Altsteinzeit

Die Entdeckung des Feuers

❶ Übersetze die Geheimschrift.

Das Braten auf dem Feuer war nicht von Anfang an bekannt.

Später lernte man, einen Stein ins Feuer zu legen, damit er heiß wurde. Auf dem heißen Stein rösteten die Menschen das Fleisch.

Lösungsschlüssel:

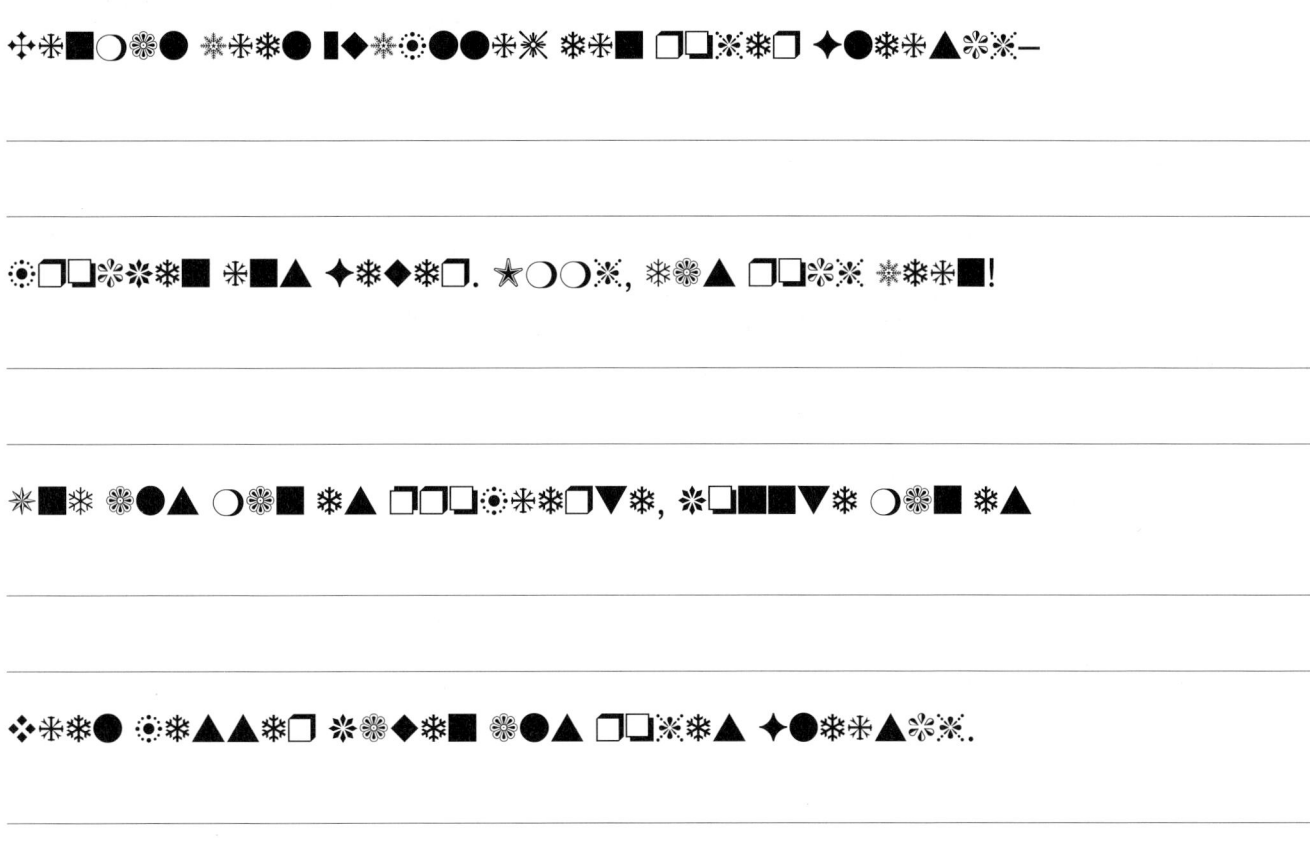

Die Altsteinzeit

Die Lebensweise der Menschen

Durch die wechselnden Kalt- und Warmzeiten zogen die Menschen
in den Kaltzeiten in die etwas wärmeren Regionen.
Die Urmenschen der Altsteinzeit lebten also als Nomaden.
Das heißt, sie hatten keine feste Wohnung, sondern zogen umher
und ließen sich in einer Höhle oder in einem Zelt
in der Nähe von Tierherden nieder,
damit sie genug Nahrung finden konnten.
Sie lebten als Jäger und Sammler und ernährten sich
vor allem vom Fleisch der erbeuteten Tiere wie Mammuts, Bisons
oder Bären oder von den gesammelten Pilzen, Kräutern, Beeren,
Wurzeln, Früchten, Honig und Nüssen.

Meistens lebten mehrere Familien in einer Gruppe zusammen.
Ihr Leben war recht anstrengend.
Die meisten Menschen wurden daher nicht älter als 30–40 Jahre.

❶ Welche „Berufe" hatten die damaligen Menschen?

_____

❷ Wovon ernährten sich die Menschen?

_____

_____

❸ Was sind Nomaden? Unterstreiche die Beschreibung im Text.

❹ Wie alt wurden die Menschen in der Altsteinzeit ungefähr?

❺ Wie alt werden Menschen heutzutage im Durchschnitt? Kreise ein.

| 40–50 | 60–70 | 70–85 | 90–100 |

Die Altsteinzeit

Lückentext: Die Altsteinzeit

In der Altsteinzeit stellten die Menschen ihre Werkzeuge und Waffen aus Stein her. Die wichtigsten Werkzeuge waren Faustkeile, die wichtigsten Waffen Holzlanzen. Später verwendeten sie für die Jagd auch Pfeil und Bogen, Speere, Harpunen oder Steinschleudern.

Außerdem begannen die Steinzeitmenschen, das Feuer zu nutzen und ihre Nahrung zu kochen.

Sie lebten als Jäger und Sammler. Sie ernährten sich vor allem vom Fleisch der erbeuteten Tiere und von den gesammelten Beeren, Pilzen, Kräutern, Wurzeln, Früchten, Honig und Nüssen.

Wenn sie ein Mammut, Bison oder einen Bären erlegen konnten, hatten sie wieder genug zu essen.

Die Urmenschen der Altsteinzeit waren Nomaden. Sie zogen mit Zelten in die Nähe von Tierherden oder wohnten einige Zeit in Höhlen. Die meisten Menschen wurden nicht älter als ____ Jahre.

Ein typischer Mensch jener Zeit ist der Neandertaler.

Beeren * Bogen * essen * Faustkeile * Feuer *
Höhlen * Honig * Jäger * Mammut *
Neandertaler * Nomaden * Steinschleudern *
Waffen * Werkzeuge

Die Altsteinzeit

Die Tiere der Altsteinzeit

❶ Klebe zu jedem Tier das passende Bild.

❷ Schreibe den Namen des Tieres in die Lücke und in das Kreuzworträtsel.

Der _____ (1), der damals lebte, hatte eine Schulterhöhe von 0,90 Metern und ein graues oder schwarzes Fell. Er ernährte sich von anderen Wildtieren und Aas.	
Der _____ (2) war etwa so groß wie ein heutiger Elch. Sein Geweih konnte bis zu 3,60 Meter breit werden und diente ihm als Stirnwaffe.	
Das bekannteste Steinzeittier ist wohl das _____ (3). Es sieht dem heutigen Elefanten sehr ähnlich.	
Das _____ (4) hatte eine Schulterhöhe von bis zu zwei Metern. Es war ein Pflanzenfresser und hatte ein sehr dichtes Fell.	
Der _____ (5) hat sich während der Eiszeiten an die Kälte angepasst und lebt deshalb auch heute noch in kälteren Zonen der Erde.	
Das _____ (6) wiegt bis zu 200 Kilogramm. Es lebt noch immer in ganz Europa. Sein Borstenfell ist dunkel.	
Das wichtigste Beutetier für den Steinzeitmenschen war der _____ (7). Er war viel größer als seine heutigen Verwandten.	

Die Altsteinzeit

Die Tiere der Altsteinzeit

Der _____ (8) ist nicht mit dem heutigen Tiger verwandt. Seine Zähne waren ihm eher hinderlich und dienten vor allem dazu, den Weibchen zu gefallen.	
Das _____ (9) hatte eine Schulterhöhe von 1,35 Metern und eine kurze, aufstehende Mähne, etwa so wie heute die Zebras. Seine Nahrung bestand aus Gräsern und Kräutern.	
Im Gegensatz zu den heutigen Tieren ihrer Art, hatten männliche _____ (10) keine Mähne.	

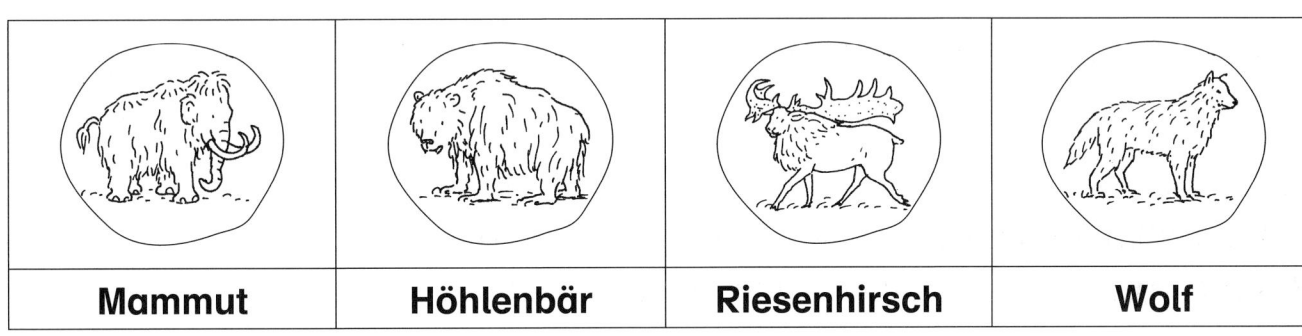

Mammut **Höhlenbär** **Riesenhirsch** **Wolf**

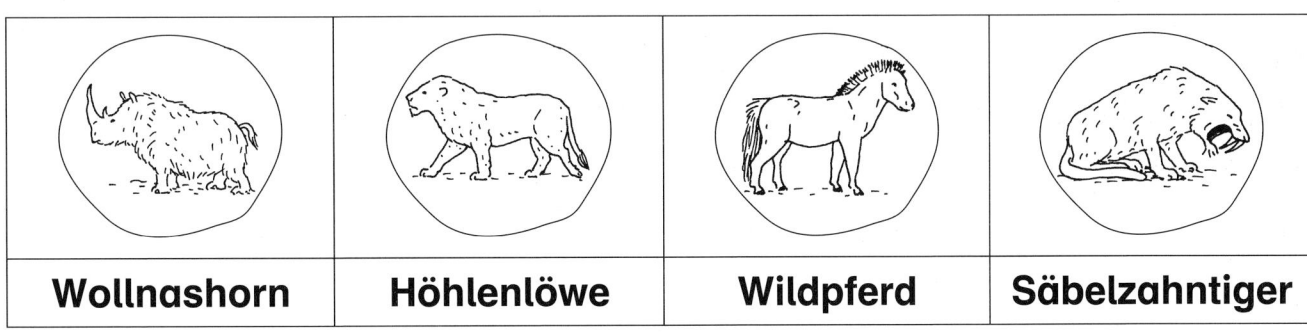

Wollnashorn **Höhlenlöwe** **Wildpferd** **Säbelzahntiger**

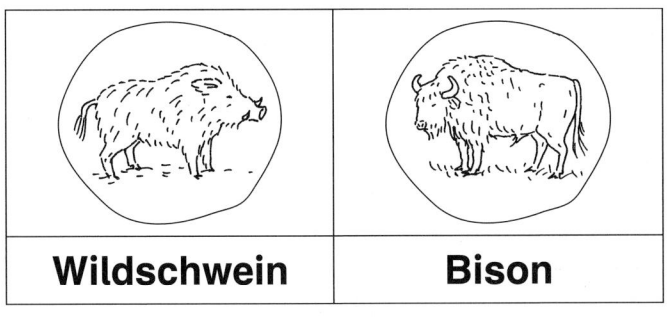

Wildschwein **Bison**

Die Altsteinzeit

Die Tiere der Altsteinzeit

Das Lösungswort zeigt dir den Namen dieser Steinzeittiere:

❶ Schreibe die Namen der Tiere, die du kennst, in die Kästchen.

❷ Markiere farbig, welches der Tiere nicht in die Altsteinzeit passt.

Die Altsteinzeit

Die Tiere der Altsteinzeit

❶ Gestalte ein Plakat mit Zeichnungen und Notizen über ein Steinzeittier.
Suche in Büchern und im Internet Bilder und Informationen.
Stelle deiner Klasse vor, was du herausgefunden hast.

Name des Tieres

Bild des Tieres

Nahrung	Größe	Besondere Kennzeichen

Das habe ich herausgefunden

Die Altsteinzeit

Das Leben als Jäger und Sammler

Die wichtigste Aufgabe für die Urzeitmenschen
war die Beschaffung von Nahrung.
Tag für Tag mussten sie auf Nahrungssuche gehen.

Frauen und Kinder

Die Frauen und Kinder sammelten Früchte und Kräuter,
aber auch kleine Tiere oder Insekten.

❶ Zeichne und beschrifte die „Nahrungsmittel",
die die Frauen und Kinder gesammelt haben.

Heidelbeeren	Erdbeeren	Wurzeln	Kräuter
Nüsse	Pilze	Waldhonig	Vogeleier
Würmer	Schnecken	Heuschrecke	Ameisen

Die Altsteinzeit

Das Leben als Jäger und Sammler

Die Männer und ihre Tricks beim Jagen

Die Männer gingen auf die Jagd.
Die Jagd war für die Steinzeitmenschen wichtig, denn ohne das Fleisch
der großen Tiere konnten sie nicht überleben.
Doch gerade die großen Tiere waren gar nicht so leicht zu fangen,
denn die Waffen bestanden zu jener Zeit nur aus langen Holzstäben,
an deren Spitze eine scharfe Messerklinge aus Feuerstein
gebunden war. Wie sollten sie damit große und gefährliche Tiere
wie Mammuts, Bisons oder Nashörner fangen?
Mit der Zeit entwickelten die Menschen verschiedene Tricks,
um die mächtigen Tiere trotz ihrer Stärke zu überwältigen:

1. Sie hoben Fallgruben aus und steckten spitze Pfähle hinein. Fiel ein Tier in eine Grube, wurde es aufgespießt.

2. Sie trieben die wilden Tiere über einen Abgrund.
   Die Tiere stürzten hinab und wurden unten von anderen Männern erwartet und getötet.

3. Sie trieben die Tiere in einen nicht allzu tiefen Sumpf. Dort kamen sie ohne Hilfe nicht mehr hinaus, versanken jedoch auch nicht. Sonst wären die Tiere ja auch für die Jäger verloren gewesen.

Marisa Herzog: Geschichte einfach und handlungsorientiert: Die Steinzeit
© Persen Verlag

Die Altsteinzeit

Das Leben als Jäger und Sammler

In allen drei Fällen wurde das gefangene oder verletzte Tier mit großen Steinen und Speeren getötet.
Dann wurde ihm an Ort und Stelle die Haut abgezogen, und es wurde in kleine Stücke zerteilt. So konnte es besser nach Hause getragen werden. Obwohl diese Jagd sehr gefährlich war, waren auch viele Kinder dabei. Diese durften sich zwar noch nicht an der Jagd beteiligen, doch sollten sie auf diese Art von den Erwachsenen das Handwerk gründlich lernen, um später ebenso gute Jäger zu werden.

Die Männer gingen auf die Jagd, um …

W	M	B	Y	Z	K	H	F	S	M	E	E	Q	K
I	A	K	I	S	I	L	Q	Ä	O	F	E	P	C
L	M	L	X	S	O	G	U	B	S	J	H	H	X
D	M	Q	Q	W	O	L	C	E	C	O	Ö	S	X
S	U	V	A	H	O	N	X	L	H	L	H	R	N
C	T	N	M	Ö	J	K	H	Z	U	B	L	G	W
H	Z	B	K	H	J	M	E	A	S	M	E	G	I
W	W	O	L	L	N	A	S	H	O	R	N	Q	L
E	O	E	Y	E	R	N	K	N	C	C	B	U	D
I	L	T	P	N	V	A	F	T	H	B	Ä	C	P
N	I	D	A	L	N	R	O	I	S	V	R	C	F
E	R	L	J	Ö	D	S	Y	G	E	N	C	T	E
K	M	M	F	W	I	C	P	E	N	E	Y	C	R
R	I	E	S	E	N	H	I	R	S	C	H	L	D

… zu fangen. Lange Zeit wurde das Fleisch roh gegessen, bis man dann etwa vor 400 000 Jahren anfing, das Feuer zu nutzen.
Die Nahrung wurde dadurch besser verdaulich, sie war leichter zu beißen und enthielt weniger Keime.

Die Altsteinzeit

Das Leben als Jäger und Sammler

Die Männer und ihre Tricks beim Jagen

❶ Warum gingen die Männer auf die Jagd?

❷ Warum war das gefährlich?

❸ Welche Tricks gebrauchten die Männer beim Jagen?

❹ Was taten sie mit dem Tier, nachdem sie es getötet hatten?

❺ Welche Aufgabe hatten die Kinder bei der Jagd?

Die Altsteinzeit

Wozu ein erlegtes Mammut zu gebrauchen war

Wenn es den Männern gelang, ein Mammut zu erlegen, hatten sie nicht nur für einige Zeit genügend Nahrung. Teile des Mammuts dienten ihnen auch für andere Zwecke im täglichen Leben.

Von den erlegten Tieren konnten die Steinzeitmenschen mehr als nur das Fleisch essen und das Blut trinken. Aus ihren Fellen fertigten sie Kleider und Decken, aus den Sehnen machten sie Bänder, die Knochen dienten als Werkzeuge und aus den Zähnen stellten sie Werkzeuge und Schmuck her. Es war jedes Mal ein Glückstag, wenn die Jäger ein Mammut erlegen konnten, weil diese Riesentiere viel Nahrung und Material hergaben.

❶ Fülle die Tabelle aus.

Teile des Mammuts:	Fleisch/ Fett				
Das wurde daraus hergestellt:	Nahrung				

Fell
Decken   ~~Fleisch/Fett~~   Werkzeuge
Zähne/Elfenbein   Knochen   Waffen   Kleidung
Schnüre   Binden   Waffen   ~~Nahrung~~   Schmuck
Sehnen

Die Altsteinzeit

Die Speisen der Steinzeitfamilien

❶ Stell dir vor, du bist bei einer echten Steinzeitfamilie zum Essen eingeladen. Welche Speisen könnten dir da aufgetischt werden? Welche bestimmt nicht?

Spaghetti mit Tomatensoße ☺ ☹	Mammutgulasch	☺ ☹
Beeren-Fruchtsalat ☺ ☹	Risotto mit Steinpilzen	☺ ☹
Schildkrötenbrühe ☺ ☹	Peperonisuppe	☺ ☹
Hirschschnitzel ☺ ☹	Froschbeine	☺ ☹
Gegrilltes Eichhörnchen ☺ ☹	Kräutersalat	☺ ☹
Pommes ☺ ☹	Schwalbenbrüstchen	☺ ☹

❷ Erfinde ein Kochrezept mit den Zutaten, die den Menschen damals zur Verfügung standen.

Man nehme:

_____

_____

_____

_____

❸ Und jetzt kannst du den Menüplan schreiben:

Die Altsteinzeit

Wie die Menschen wohnten

Die Urmenschen der Altsteinzeit lebten in Gruppen
von mehreren Familien zusammen. Zum Überleben mussten nämlich
große Tiere erlegt werden. Das konnte einem einzelnen Menschen
niemals gelingen. Da sie ihre Nahrung als Jäger und Sammler beschaffen
mussten, waren sie gezwungen, ihren Wohnort ständig zu wechseln
und den Tierherden zu folgen und neue, fruchtbare Wälder zu finden.
Daher wohnten sie immer in notdürftigen Wohnungen,
die schnell aufgebaut werden konnten: in Höhlen, Zelten oder Laubhütten.
Die Orte, an denen sie sich niederließen, lagen in der Nähe von Bächen,
Seen oder Quellen, damit sie immer genug Wasser hatten.
Familien, die ständig weiterziehen, nennt man Nomaden.
Während der kalten Wintermonate lebten die Menschen vorwiegend in
Höhlen. Sie wohnten jedoch nicht tief in der Höhle, sondern in der Nähe
des Höhleneingangs. In manchen Höhlen hat man Tierzeichnungen
und Schnitzereien aus jener Zeit gefunden.

Im Sommer wohnten sie oft in Zelten oder in Hütten, die sie sich aus Stangen, Gras, Laub und Moos bauten.

Die Altsteinzeit

Wie die Menschen wohnten

❶ In welcher Form lebten die Urmenschen zusammen?
- ○ Sie waren Einzelgänger und lebten allein.
- ○ Sie lebten allein für sich als Familie in Einfamilienhöhlen.
- ○ Mehrere Familien lebten zusammen, denn die Nahrung konnten sie nur in Gruppen beschaffen.
- ○ Die Männer lebten in einer Männergruppe, die Frauen in einer Frauengruppe.

❷ Weshalb wohnten sie in Höhlen, Zelten oder Laubhütten?
- ○ Weil sie immer wieder umziehen mussten.
- ○ Weil das für sie wie Ferien war.
- ○ Weil ihnen Häuser nicht gefielen.
- ○ Weil sie keine Steine und Holz hatten, um Häuser zu bauen.

❸ Weshalb mussten sie immer wieder wegziehen?
- ○ Sie wollten die Welt kennenlernen.
- ○ Sie mussten den Tieren folgen und neue, fruchtbare Wälder finden.
- ○ Es war langweilig, immer am selben Ort zu wohnen.
- ○ Sie zogen im Winter nach Süden, wo es wärmer war und kehrten im Sommer in den Norden zurück wie die Zugvögel.

❹ Welche Plätze waren als Wohnorte geeignet?
- ○ Plätze, die weit weg vom Wasser waren, da die Urmenschen nicht schwimmen konnten.
- ○ Plätze auf Bergen, damit sie eine schöne Aussicht hatten.
- ○ Plätze in der Nähe von Bächen oder Seen, damit sie immer genug Wasser hatten.
- ○ Plätze in der Nähe von Städten, damit sie Schulen und Einkaufsmöglichkeiten hatten.

❺ Wie nennt man solche Familien, die ständig weiterziehen?

Die Altsteinzeit

Die Höhlenmalerei

In den Höhlen der Steinzeitmenschen wurden Höhlenmalereien gefunden. Sie wurden vom Cro-Magnon-Menschen erstellt und bilden hauptsächlich Tiere ab.

Geht vor wie ein Forscher.
Ein Forscher stellt Vermutungen an
und versucht dann, diese zu beweisen.

❶ Kreuzt eure Vermutungen an.
Besprecht, welche Vermutungen stimmen könnten.

1. Die Höhlenbewohner zeichneten und malten ihre Jagdbeute ☺ ☹
auf die Höhlenwände.

2. Mit den Zeichnungen feierten sie ihre erfolgreiche Jagd. ☺ ☹

3. Es war auch eine Art, sich eine gute Jagd für die Zukunft ☺ ☹
zu wünschen.

4. Die Höhlenmenschen malten, weil sie ihre Wohnungen ☺ ☹
schmücken wollten.

5. Indem die Höhlenmenschen die gefährlichen Tiere an die ☺ ☹
Wände malten, konnten sie ihre Angst vor ihnen etwas
abbauen.

Das weiß oder vermutet man derzeit:

Satz 1 ist einfach zu beweisen – man sieht ja die bemalten Höhlenwände noch.

Die Sätze 2 bis 4 lassen sich aus der genauen Betrachtung einzelner Zeichnungen bestätigen; je nachdem was darauf zu erkennen ist, lässt sich der Grund für die Malerei daraus ablesen.

Satz 5 ist eine Vermutung. Wirklich beweisen wird man dies nicht können.

Die Altsteinzeit

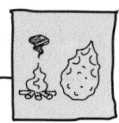

Die Höhlenmalerei

Die Menschen in der Altsteinzeit malten hauptsächlich
mit den Farben Braun, Rostrot, Ocker und Schwarz.
Als Farben verwendeten sie Erdfarben, Holzkohle, Gesteine, Blut
oder Pflanzensäfte. Als Bindemittel nutzten sie Wasser oder Pflanzenharz.
Sie zeichneten mit den Fingern oder mit Pinseln aus Tierhaar.

❶ Höhlenmalereien ausprobieren:

Stelle dazu selbst Erdfarben her.

1. Nimm ein Marmeladeglas und suche dir eine schöne Erdsorte.
2. Fülle dein Glas mit rötlicher, gelblicher oder brauner Erde.
3. Siebe die Erde so fein wie möglich.
4. Dann vermische sie mit einem Ei oder Kleister.
5. Die Erdfarbe ist jetzt fertig.
6. Du kannst sie mit den Fingern auftragen.

Viel Spaß!

Die Altsteinzeit

Lernwörter: Altsteinzeit

❶ Umkreise alle Wörter, die du vorher nicht kanntest.
Erkläre dann deinem Partner, was sie bedeuten.

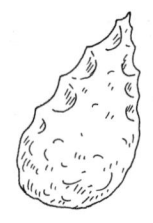

Mammut   Felle
Neandertaler   Knochen   Steinzeit   Faustkeil   Zelt
Steinschleuder   Leder   Tierhaut
Werkzeuge   Hirsch   Jäger
Sammler
Speer   Wildschwein   Waffen
Urmensch   Tierherden
Bison   Harpune

❷ Schreibe diese Wörter richtig auf.

A M T M M U		R E S H U M N C	
G E Ä J R		A M L M S E R	
E A R E D E T A L N N R		I T T N E I Z S E	
U E K F E I A L T S		E S N D W C H L I I W	

Die Altsteinzeit

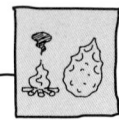

Lernwörter: Altsteinzeit

❶ Beschrifte die Bilder.

Achte auch auf die Rechtschreibung.

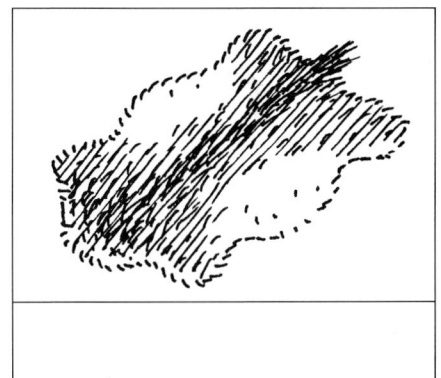

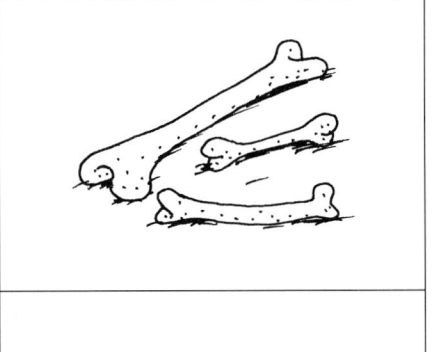

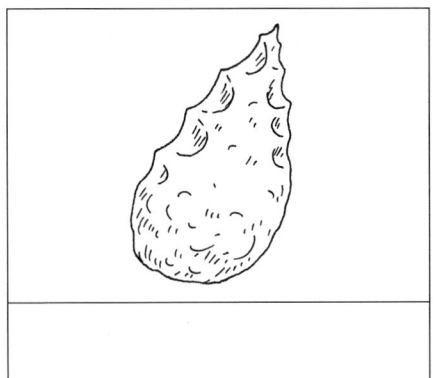

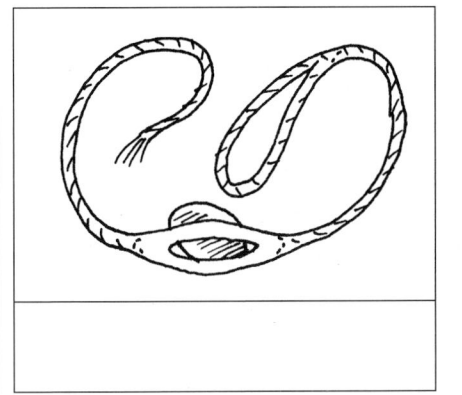

Die Altsteinzeit

Diktat: Altsteinzeit

Es ist Morgen. Ich erwache auf einem Bett
aus getrocknetem Gras unter einer schönen Decke
aus Tierfellen. Ich wohne mit meiner Familie in einer Höhle,
bis es wieder wärmer wird.
Dann ziehen wir mit Zelten weiter zu einem Lagerplatz.

Meine Kleider sind aus Leder.

Zum Spielen darf ich mich nicht zu weit
von der Höhle entfernen,
da es in der Nähe viele gefährliche Wildtiere
gibt.

Schon bald muss ich meiner Mutter helfen,
Beeren, Pilze und Nüsse zu sammeln.
Manchmal darf ich mit den Männern auf die
Jagd gehen.

Am Abend sitzen alle ums Feuer
und die alten Männer erzählen Geschichten.

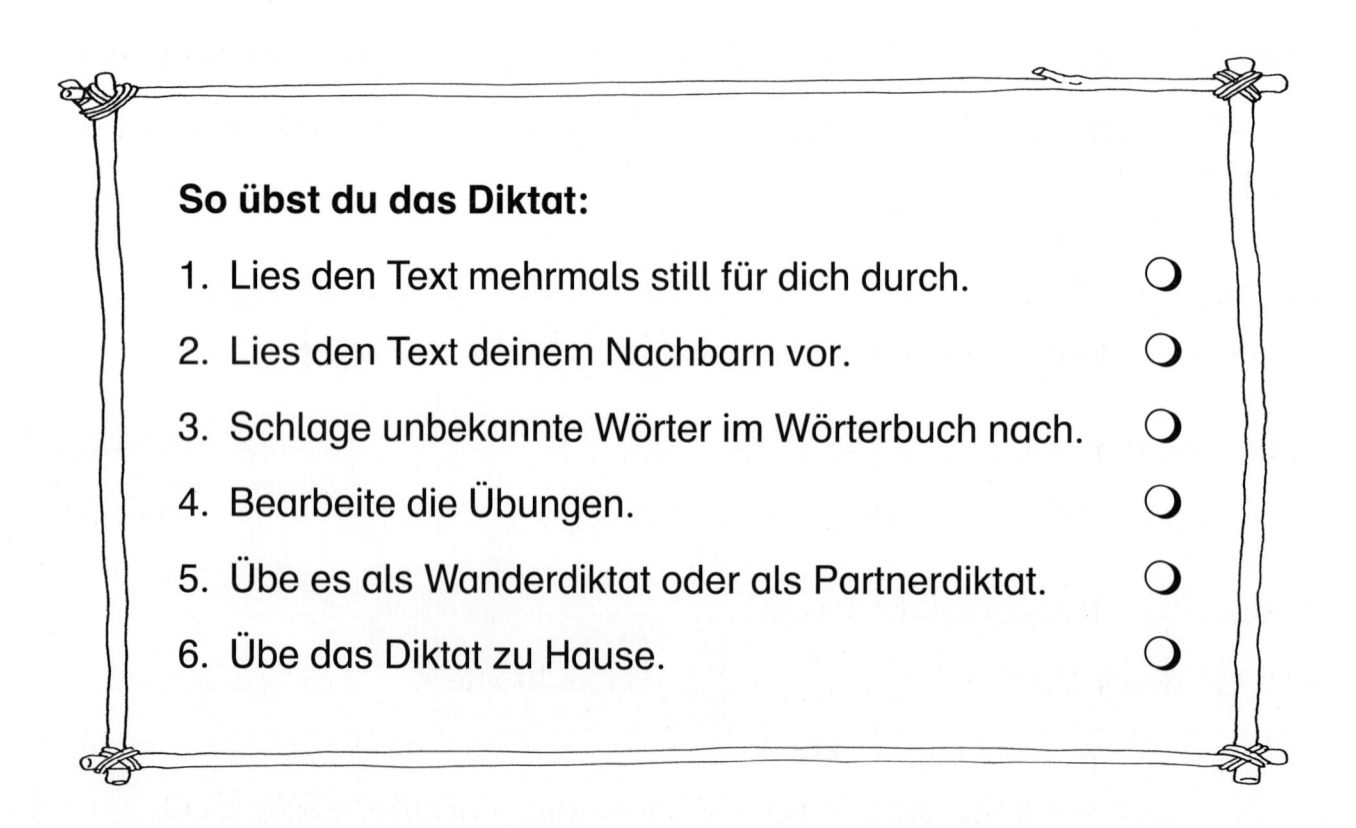

So übst du das Diktat:

1. Lies den Text mehrmals still für dich durch. ○
2. Lies den Text deinem Nachbarn vor. ○
3. Schlage unbekannte Wörter im Wörterbuch nach. ○
4. Bearbeite die Übungen. ○
5. Übe es als Wanderdiktat oder als Partnerdiktat. ○
6. Übe das Diktat zu Hause. ○

Die Altsteinzeit

Diktat: Altsteinzeit

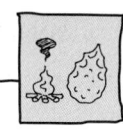

Übungen

1 Schreibe fünf schwere Wörter auf diese Höhlenwand.

2 Schreibe das Lückendiktat. Kannst du es ohne nachzuschauen?

Es ist Morgen. Ich erwache auf einem Bett aus getrocknetem Gras unter einer schönen Decke aus ⬚Tierfellen⬚. Ich wohne mit meiner Familie in einer ⬚Höhle⬚, bis es wieder ⬚wärmer⬚ wird. Dann ziehen wir mit Zelten weiter zu einem ⬚Lagerplatz⬚. Meine Kleider sind aus ⬚Leder⬚.

Zum Spielen darf ich mich nicht zu weit von der Höhle entfernen, da es in der Nähe viele gefährliche ⬚Wildtiere⬚ gibt.

Schon bald muss ich meiner Mutter helfen, ⬚Beeren⬚, Pilze und Nüsse zu sammeln. Manchmal darf ich mit den Männern auf die ⬚Jagd⬚ gehen.

Am Abend sitzen alle ums Feuer und die alten Männer ⬚erzählen⬚ Geschichten.

> Beeren – erzählen – Höhle –
> Jagd – Lagerplatz – Leder – Tierfellen – wärmer – Wildtiere

Marisa Herzog: Geschichte einfach und handlungsorientiert: Die Steinzeit
© Persen Verlag

Die Altsteinzeit

Diktat: Altsteinzeit

Übungen

❶ Knickdiktat

Falte das Blatt in der Mitte. Schau dir jeden Satz genau an und schreibe ihn auswendig auf.

Es ist Morgen. Ich erwache auf einem

Bett aus getrocknetem Gras

unter einer schönen Decke aus Tierfellen.

Ich wohne mit meiner Familie in einer Höhle,

bis es wieder wärmer wird.

Dann ziehen wir mit Zelten weiter

zu einem Lagerplatz.

Meine Kleider sind aus Leder.

Zum Spielen darf ich mich nicht zu weit

von der Höhle entfernen,

da es in der Nähe viele

gefährliche Wildtiere gibt.

Schon bald muss ich meiner Mutter helfen,

Beeren, Pilze und Nüsse zu sammeln.

Manchmal darf ich mit den Männern

auf die Jagd gehen.

Am Abend sitzen alle ums Feuer

und die alten Männer erzählen Geschichten.

Die Altsteinzeit

Diktat: Altsteinzeit

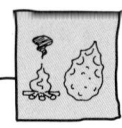

Übungen

❶ Markiere mindestens
20 Nomen rot,
10 Verben grün
und 5 Adjektive blau.

Es ist Morgen. Ich erwache auf einem Bett aus getrocknetem Gras
unter einer schönen Decke aus Tierfellen. Ich wohne mit meiner Familie
in einer Höhle, bis es wieder wärmer wird. Dann ziehen wir mit Zelten
weiter zu einem Lagerplatz. 
Meine Kleider sind aus Leder.
Zum Spielen darf ich mich nicht
zu weit von der Höhle entfernen,
da es in der Nähe viele
gefährliche Wildtiere gibt.
Schon bald muss ich meiner Mutter helfen,
Beeren, Pilze und Nüsse zu sammeln.
Manchmal darf ich mit den Männern auf die Jagd gehen.

Am Abend sitzen alle ums Feuer
und die alten Männer erzählen Geschichten.

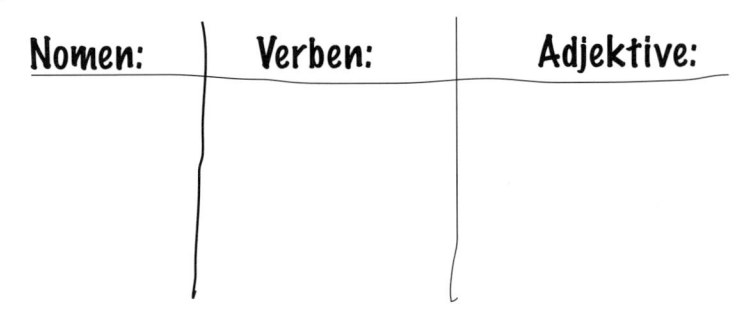

❷ Schreibe die markierten Wörter in dein Heft.

Nomen:	Verben:	Adjektive:

Die Altsteinzeit

Diktat: Altsteinzeit

Übungen

❶ Achtung: Einige Wörter sind rückwärts geschrieben.
Suche sie und schreibe sie richtig auf.

Es ist Morgen. Ich ehcawre auf einem Bett aus metenkcorteg Gras unter einer schönen Decke aus Tierfellen. Ich enhow mit meiner Familie in einer Höhle, bis es wieder remräw wird. Dann ziehen wir mit netleZ weiter zu einem Lagerplatz.

Meine redielK sind aus Leder.

Zum Spielen darf ich mich nicht zu weit von der Höhle nenreftne, da es in der Nähe viele ehcilrhäfeg Wildtiere gibt.

Schon bald muss ich meiner Mutter nefleh, Beeren, Pilze und Nüsse zu nlemmas. Manchmal darf ich mit den nrennäM auf die Jagd gehen.

Am Abend sitzen alle ums reueF und die alten Männer erzählen nethcihcseG.

_____

_____

❷ Bilde aus den Buchstaben des Wortes STEINZEITKIND möglichst viele neue Wörter mit mindestens vier Buchstaben.

Knie, denken, _____

_____

_____

Die Altsteinzeit

Diktat: Altsteinzeit

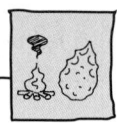

Übungen

❶ Trenne die Wörter in den Wörterschlangen. Schreibe die Sätze richtig auf. Vergiss die Groß- und Kleinschreibung nicht.

icherwacheaufeinembettausgetrocknetemgrasunt

ereinerschönendeckeaustierfellen

Ich

ichwohnemitmeinerfamilieineinerhöhlebiseswiederwärmerwird

Ich

dannziehenwirmitzeltenweiterzueinemlagerplatz

meinekleidersindausleder

Marisa Herzog: Geschichte einfach und handlungsorientiert: Die Steinzeit
© Persen Verlag

Die Altsteinzeit

Diktat: Altsteinzeit Übungen

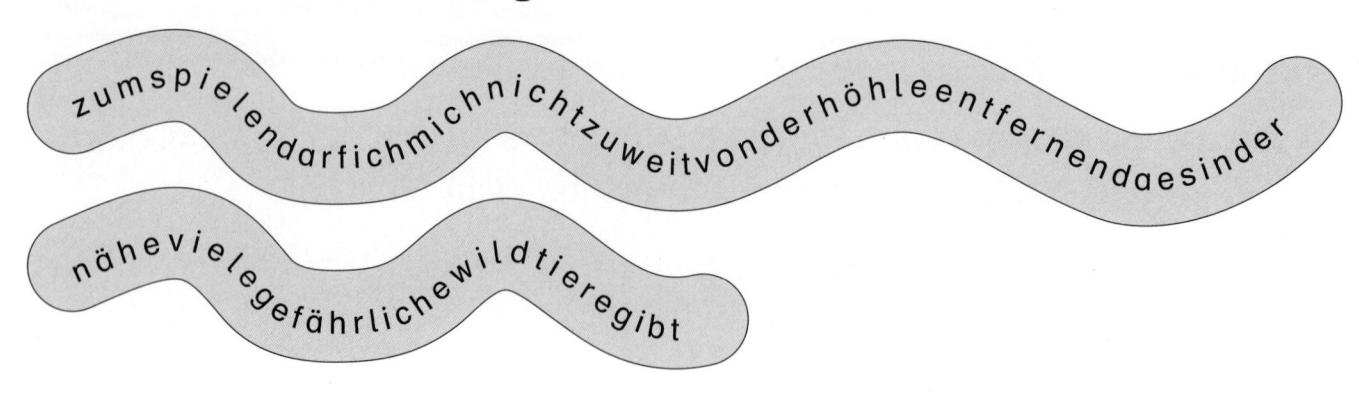

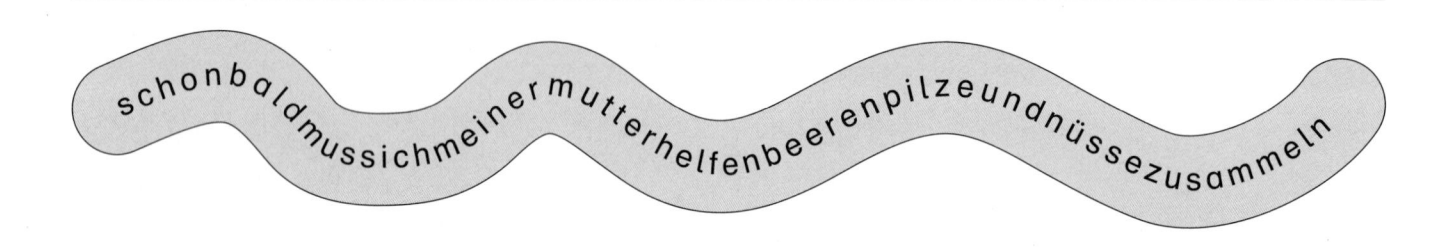

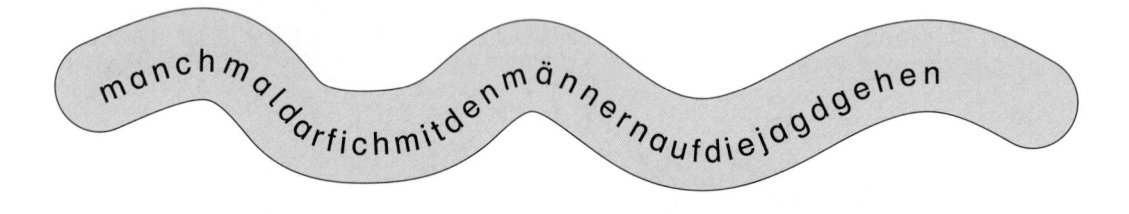

zum spielen darf ich mich nicht zu weit von der höhle entfernen da es in der nähe viele gefährliche wildtiere gibt

schon bald muss ich meiner mutter helfen beeren pilze und nüsse zu sammeln

manchmal darf ich mit den männern auf die jagd gehen

am abend sitzen alle um's feuer und die alten männer erzählen geschichten

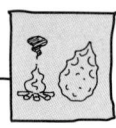

Die Altsteinzeit

Steinzeit-Geschichten schreiben

❶ Erfinde zu einem der Bilder eine Geschichte und schreibe sie auf.

Mein Vater, der Jäger    Ich helfe der Mutter beim Sammeln    Der Höhlenmaler

---

Marisa Herzog: Geschichte einfach und handlungsorientiert: Die Steinzeit
© Persen Verlag

Die Mittel- und Jungsteinzeit

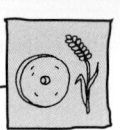

Die Mittel- und Jungsteinzeit

Zirka 10.000 v. Chr. ging die Altsteinzeit zu Ende.
Die Mittelsteinzeit dauerte von 8.000–5.000 v. Chr.
Darauf folgte die Jungsteinzeit von 5.000–2.000 v. Chr.
Zur Mittel- und Jungsteinzeit klang die letzte Kaltzeit ab und es wurde wärmer. Bisher hatten sich die Menschen auf ihren Wanderschaften von der Beute der Jäger und Sammler ernährt. Jetzt, da es wärmer wurde, wurden sie sesshaft. Das heißt, sie hatten einen festen Wohnsitz und zogen nicht mehr als Nomaden umher.
Als Ackerbauern begannen sie, Getreide und Hülsenfrüchte anzupflanzen und als Viehzüchter hielten sie Schweine, Schafe und Rinder. Auch Pferde und Hunde wurden gezähmt und waren beliebte Haustiere.

❶ Unterstreiche die Erklärung des Wortes „sesshaft" im Text.

❷ Was pflanzten die Ackerbauern an?

❸ Welche Tiere wurden gezüchtet?

❹ Welche Tiere wurden gezähmt und als Haustiere gehalten?

❺ Markiere den Zeitabschnitt der Mittel- und Jungsteinzeit auf dem Zeitstrahl farbig.

❻ Etwa 9.000–6.000 v. Chr. begannen die Menschen mit Ackerbau und Viehzucht.

Zeichne ein Kästchen über diese Zeitspanne und beschrifte es wie dieses:

Ackerbau und Viehzucht

Die Mittel- und Jungsteinzeit

Zeitstrahl ③

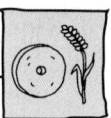

heute
0
5.000 v. Chr.
10.000 v. Chr.
15.000 v. Chr.
20.000 v. Chr.
25.000 v. Chr.

Zeitstrahl ① / ② s. S. 10–11

Die Mittel- und Jungsteinzeit

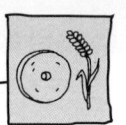

Neue Entdeckungen der Menschen

Die Menschen bauten
Dörfer mit Häusern
aus Stein, Ton und Holz.
An den Seeufern
errichteten sie Pfahlbauten.

Durch die Erfindung des Rades
und des Pfluges wurde das Leben
der Menschen
ungemein vereinfacht.
Viele Arbeiten
erledigten sich
schneller und die
Menschen hatten
mehr Zeit für neue Erfindungen und
für andere Tätigkeiten, die nicht direkt mit
der Nahrungsbeschaffung zu tun hatten.

Die Werkzeuge dienten nicht mehr
ausschließlich der Jagd, sondern man
fertigte Gegenstände für den Alltag an:
Gefäße aus Ton, Spindeln und Webstühle
für die Stoffverarbeitung, Schmuck
und allerlei Dinge, die man für den
Hausbau benötigte. Viele dieser Gegenstände gab man den Toten mit ins Grab.

Auch die Nahrung wurde vielseitiger.
Man kochte und aß die Früchte vom Feld.
Das Getreide mahlte man mit Steinmühle
und Mörser zu Mehl und backte daraus
leckeres Fladenbrot. Von den Kühen
und Schafen erhielt man Milch,
die man zu Käse verarbeitete.
So hatte man auch immer einige
Vorräte für härtere Zeiten.

❶ Materialien für den Hausbau:

❷ Neue Erfindungen:

❸ Neu angefertigte Gegenstände:

❹ Neu entdeckte Nahrungsmittel:

Die Mittel- und Jungsteinzeit

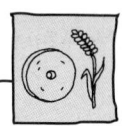

Lückentext: Mittel- und Jungsteinzeit ①

Vor etwa zehntausend Jahren ging die Altsteinzeit zu Ende. Die Mittelsteinzeit und danach die Jungsteinzeit begannen.

Die Menschen lernten, die Nahrungsmittel, die sie benötigten, selber herzustellen. Sie pflanzten _____ und Hülsenfrüchte an und züchteten _____, _____ und _____. Aus dem Getreide mahlten sie mit der Steinmühle und mit dem _____ feines Mehl und backten daraus frisches _____. Die Milch von den Kühen, Schafen und _____ tranken sie gleich nach dem Melken oder verarbeiteten sie zu _____. Jetzt waren sie keine Jäger und Sammler mehr, sondern Bauern, die _____ und _____ betrieben.

Sie begannen jetzt, feste Hütten zu bauen, in denen sie ständig leben konnten. Sie wurden _____. An den Seeufern errichteten sie _____. Durch die Erfindung von _____ und _____ wurde das Leben der Menschen ungemein vereinfacht. Sie _____ Gefäße aus Ton, fertigten _____ sowie _____ und verarbeiteten Schafwolle zu Fäden und _____.

Viehzucht   Rinder   töpferten   Schweine   Getreide   Stoffen
Mörser   Pfahlbauten   Schafe   Käse   Pflug   Rad
Spindeln   Fladenbrot   Ackerbau   Webstühle
Ziegen   sesshaft

Die Mittel- und Jungsteinzeit

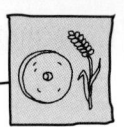

Das Klima der Mittel- und Jungsteinzeit

Ungefähr zu der Zeit, als die Mittel- und die Jungsteinzeit begann, veränderte sich auch das Klima. Die letzte Kaltzeit ging zu Ende und die heutige Warmzeit begann. Es wurde also milder, das Eis und die Gletscher zogen sich zurück.

Damit verschwanden viele Pflanzen, die sich im kalten Klima wohlfühlten, und es wuchsen neue Arten, die in der warmen Jahreszeit Früchte trugen.

Die Tiere mit den dicken Fellen, wie die Rentiere oder Bisons, zogen nach Norden, wo die Temperaturen noch immer sehr kalt waren. Kleinere Tiere wie Wildschafe, Wildziegen und Wildesel verbreiteten sich. Das Mammut überlebte dieses warme Klima nicht. Es starb aus. Auch die Menschen begannen, sich diesen neuen Umweltbedingungen anzupassen. Aus Jägern und Sammlern wurden Bauern, die

_____ (bucearkA) und

_____ (huihecVzt) betrieben.

❶ Schreibe die Veränderungen durch die Warmzeit für Mensch und Tier auf.

Mit Beginn der Warmzeit	
Menschen	**Tiere**

Die Mittel- und Jungsteinzeit

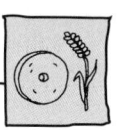

Die Menschen werden sesshaft

In der Altsteinzeit waren die Menschen __Nomaden__. Um genügend Nahrung zu finden, waren sie gezwungen, ihren Wohnort ständig zu wechseln. Es lohnte sich für sie nicht, Häuser oder Hütten zu bauen, deshalb richteten sie sich vorübergehend in __Höhlen__ und Zelten ein.

In der Mittel- und Jungsteinzeit bot die Erde durch das wärmere Klima immer mehr Möglichkeiten zur __Nahrungsbeschaffung__. Die Menschen lernten, die Nahrungsmittel selber herzustellen und begannen, den Boden zu __bebauen__ und __Haustiere__ zu halten. Nun konnten sie sich für längere Zeit an einem Ort niederlassen. Darum bauten sie sich stabilere __Häuser__.

Dazu suchten sie sich eine Gegend aus, in der die Erde besonders __fruchtbar__ war und wo es genügend __Weideland__ für die Tiere gab. Natürlich musste in der Nähe ein Fluss oder ein See sein, um das nötige Wasser für den täglichen Gebrauch und für die __Bewässerung__ der Felder zu liefern.

Nomaden   Nahrungsbeschaffung   Häuser   Bewässerung   bebauen   Weideland   fruchtbar   Höhlen   Haustiere

Die Mittel- und Jungsteinzeit

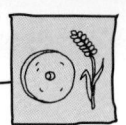

Die Menschen bauen Dörfer

❶ Für den Hausbau verwendete man

○ Steine, Rohre, Schlamm oder Ziegelsteine, die man in der Sonne brannte.

○ Steine, Plastik, Schlamm oder Ziegelsteine, die man in der Sonne brannte.

❷ Für das Holz

○ ging man zum Handwerkermarkt.
○ fällte man Bäume aus den dichten Wäldern.

❸ Die Häuser bestanden damals aus

○ einem einzigen Raum, der von mehreren Familien bewohnt wurde.

○ vielen Stockwerken mit Wohnungen, in denen mehrere Familien wohnten.

❹ Das Leben spielte sich vorwiegend im Freien ab; im Haus traf man sich nur

○ zum Fernsehen oder zum Chatten im Internet.

○ zum Schlafen oder um sich aufzuwärmen.

Mit der Zeit entstanden mehrere Häuser nebeneinander und es bildeten sich kleinere Dörfer.

Die Bewohner dieser Dörfer bildeten eine Gemeinschaft und halfen einander. Sie pflanzten Getreide an, pflegten ihren Gemüsegarten und hielten Haustiere.

Aus den gerodeten Waldlichtungen entstanden Tierweiden und Äcker.

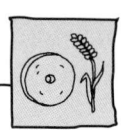

Quiz: Mittel- und Jungsteinzeit

① Die Suche nach … war der Grund, dass die Menschen in der Altsteinzeit immer wieder ihren Wohnort wechseln mussten.

② Das Klima war in der Mittel- und Jungsteinzeit deutlich … als in der Altsteinzeit.

③ Die Häuser der Mittel- und Jungsteinzeit bestanden aus einem einzigen …

④ Die Menschen hielten sich vorwiegend im … auf.

⑤ Die Menschen suchten sich für ihre Häuser einen Ort aus, in dessen Nähe es genügend … für ihre Tiere gab.

⑥ Es sollte in der Nähe auch Wasser geben, das sie unter anderem für die … der Felder benötigten.

⑦ Dieses Wasser nahmen sie meistens aus einem …

⑧ Ein anderes Wort für Feld.

⑨ Die Menschen zogen nicht mehr von Ort zu Ort; sie waren jetzt …

⑩ So nennt man Menschen, die nicht für längere Zeit an einem Ort wohnen.

⑪ Aus einzelnen Häusern entstanden bald …

⑫ Das bauten die Menschen auf ihren Feldern an.

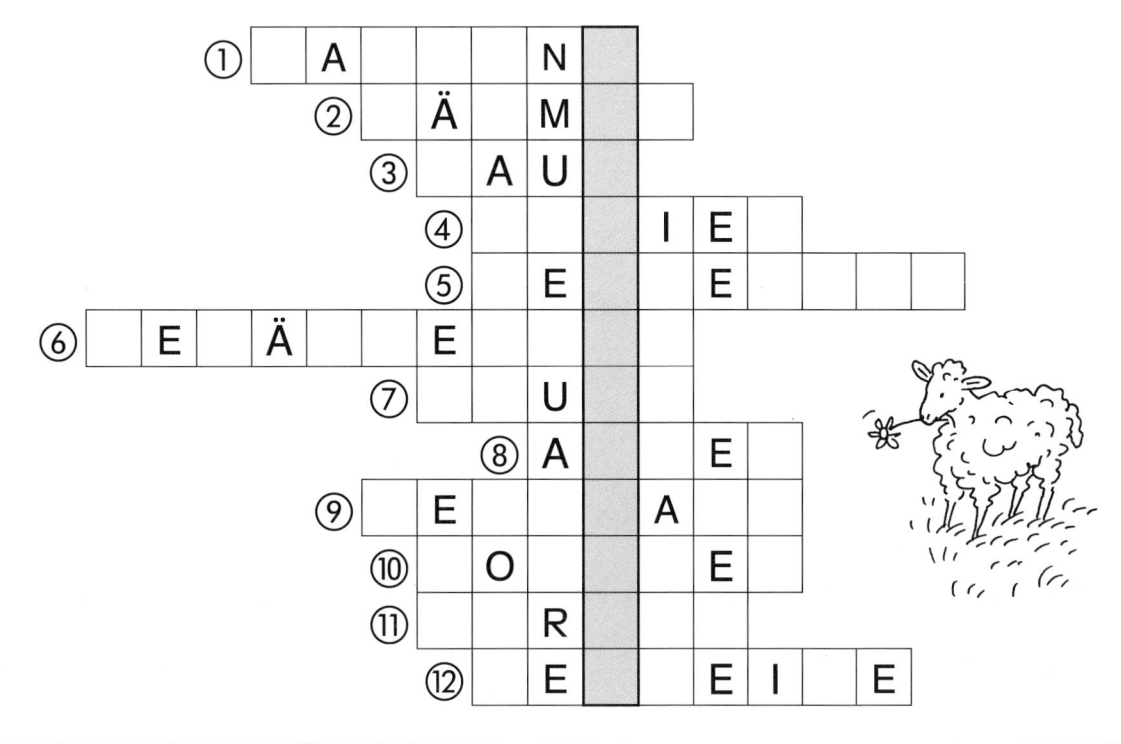

Die Mittel- und Jungsteinzeit

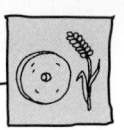

Der Ackerbau

Als vor 10.000 Jahren die letzte Kaltzeit zu Ende ging, zog sich das Eis zurück und der Boden wurde fruchtbar. Es wuchs viel mehr Nahrung als die Menschen für sich brauchten. Um die übrig gebliebenen Körner aufzubewahren, gruben sie Löcher in die Erde und legten sie hinein.

❶ Unterstreiche: Weshalb vergruben die Menschen die Körner im Boden?

Nach einiger Zeit bekamen diese Körner Keimlinge und es entstanden daraus neue Pflanzen, die heranwuchsen und wieder neue Körner trugen. Als die Menschen das entdeckten, begannen sie gleich, größere Bodenflächen aufzulockern und die Samen darin zu vergraben. Das war am Anfang eine anstrengende Arbeit, da alles von Hand mit einem Grabstock bearbeitet wurde.

❷ Weshalb begannen sie jetzt, die Samen im Boden zu vergraben?

_____

_____

Sie bauten dann mit diesem Grabstock eine Art Pflug, der zuerst noch von Menschen gezogen wurde, bis sie merkten, dass ihnen ein kräftiges Rind helfen konnte. Jetzt war es ihnen möglich, viel größere Flächen zu bewirtschaften und ganze Felder mit Getreide zu bepflanzen. Neben Getreide, Erbsen, Bohnen und Linsen pflanzte man damals auch Flachs, Mohn sowie erste Bäume.

❸ Unterstreiche: Weshalb war diese Arbeit am Anfang anstrengend?

Lückentext: Mittel- und Jungsteinzeit ②

Geerntet wurde mit einer kleinen ☐☐☐☐☐ aus Feuerstein.

Frauen und Kinder folgten den Männern beim Schneiden des Korns und sammelten die ☐☐☐☐☐ (die Blüte mit den Körnern), um sie ins Dorf zu bringen. Dort wurde das Korn zuerst geröstet, damit es anschließend besser aus der ☐☐☐☐ (Schale) gelöst werden konnte. Danach wurde es mit einer Steinmühle und einem ☐☐☐☐☐☐ so lange gemahlen, bis daraus ganz weiches Mehl entstand.

Das Mehl wurde mit Wasser vermischt, geknetet und auf einer erhitzten Steinplatte zu feinem ☐☐☐☐☐☐☐☐ gebacken.

Ähren	Fladenbrot	Hülse	Mahlstein	Sichel

Die Mittel- und Jungsteinzeit

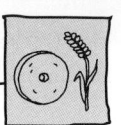

Fladenbrot/Stockbrot backen

So kannst du ein **Steinzeit-Fladenbrot** herstellen:

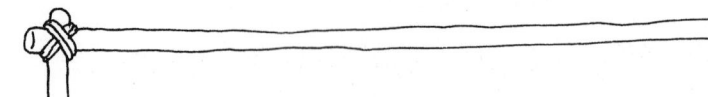

- Vermische 1 Schale Mehl,
- 1/2 Schale Wasser
- 1 EL Butter
- und etwas Salz.
- Dann knete alles zu einem festen Teig.
- Forme einige Fladen und backe sie auf einem Backblech etwa 10 Minuten bei 200 Grad.

Noch echter ist es, wenn du das Fladenbrot auf einem heißen Stein über einer kräftigen Glut im offenen Feuer backst.

So kannst du ein **Steinzeit-Stockbrot** backen:

- Vermische 1 Schale Mehl,
- 1/2 Schale Wasser
- 1 EL Butter
- und etwas Salz.
- Dann knete alles zu einem festen Teig.
- Suche dir einen langen Stock und reinige ihn.
- Wickel deinen Teig um den Stock.
- Die Spitze des Stockes sollte auf jeden Fall durch den Teig verdeckt sein.
- Wende das Brot über dem Feuer hin und her, damit nichts anbrennt.
- Wenn der Teig goldbraun ist, ist dein Stockbrot fertig.

Die Mittel- und Jungsteinzeit

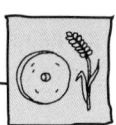

Die Viehzucht

Wahrscheinlich war der Hund das erste Tier,

das vom Menschen gezähmt und als Wach- oder Jagdhund gehalten

wurde. Dann begannen die Menschen, weitere Tiere zu zähmen und zu

züchten. Meist waren es wilde Tiere, die in die Nähe der Dörfer kamen,

um sich dort aus den Abfällen ihre Nahrung zu holen.

Von den gezähmten Tieren erhielten die Menschen Milch, Wolle, Felle

und Fleisch. Die Rinder halfen ihnen bei der Arbeit auf dem Feld

und das Schweinefleisch war bald ein wichtiger Teil der täglichen

Nahrung. Die Tiere gewöhnten sich immer mehr an die Menschen.

Einige lebten innerhalb von Zäunen bei den Bauern

und bekamen regelmäßig Futter. Andere wurden von Hirten

in Herden auf Weiden getrieben, die für den Ackerbau zu steil

oder zu trocken waren; weitere weideten frei in der Nähe der Dörfer.

Die Jagd verschwand durch die Viehzucht nicht ganz,

war aber nicht mehr zwingend notwendig fürs Überleben.

❶ Unterstreiche rot, wie die Tiere den Menschen nützten.

❷ Unterstreiche blau, was die Tiere dafür von den Menschen bekamen.

Die Mittel- und Jungsteinzeit

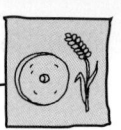

Die Viehzucht

❶ Überlege: Welchen Nutzen haben diese Tiere für den Menschen?

Fülle die Tabelle aus.

Tier	männlich	weiblich	Jungtier	Nutzen
Hund	Hund			
Rind				
Schwein				
Schaf				
Ziege				

Hilfe beim Jagen * Bock * Eber * Fleisch * Fleisch * Welpe * Geiß/Zicke * Kuh * Lamm * Leder * Ferkel * Leder * Milch * Milch * Milch * Fleisch * Sau * Schaf * Bulle/Stier * Bock/Widder * Hündin * Wolle * Zugtier für Pflug und Karren * Hund * Fleisch * als Wache * Zicklein * Kalb

Die Mittel- und Jungsteinzeit

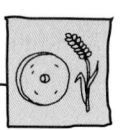

Die Viehzucht: Haustierrätsel

Waagerecht: 1. Gibt uns das Schaf. 6. Nutzen des Hundes. 8. Gibt uns die Ziege (Getränk) 9. Gibt uns die Ziege. 10. Junge Hunde. 11. Weibliche Ziege. 13. Junges Rind. 14. Junges Schwein. 16. Weibliche Ziege. 17. Weibliches Schwein. 18. Gibt uns Wolle. 22. Gibt uns das Schaf. 24. Männliches Schwein. 25. Gibt uns das Rind.

Senkrecht: 1. Gibt uns das Schwein. 2. Gibt uns die Kuh. 3. Gibt uns das Schwein. 4. Männliches Schaf. 5. Nutzen des Hundes. 7. Gibt uns die Ziege. 9. Nutzen des Rindes. 12. Männliches Rind. 15. Weibliches Rind. 17. Gibt uns das Schaf. 19. Junge Ziege. 20. Männliches Rind. 21. Junges Schaf. 23. Weiblicher Hund.

Die Mittel- und Jungsteinzeit

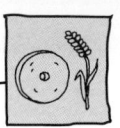

Vorräte anlegen

Nach und nach lernte man, die Nahrung aufzubewahren.
Oft folgte auf eine gute Ernte ein harter Winter
und die Menschen waren froh, wenn sie Vorräte angelegt hatten.
Das war jedoch nicht so einfach,
denn damals gab es ja noch keine Kühlschränke und Tiefkühltruhen.
Die Nahrungsmittel verdarben in der normalen Umgebung.
Deshalb suchten die Menschen nach Möglichkeiten,
ihre Lebensmittel zu konservieren, das heißt haltbar zu machen.

❶ Schreibe zu den Lebensmitteln die passende Aufbewahrungsmethode in dein Heft.

… wurden in Tongefäßen neben den Hütten in der Erde vergraben.

… wurde in andere Produkte verarbeitet, die länger haltbar waren, zum Beispiel Butter oder Käse.

… wurde an der Luft getrocknet oder in eine Salzmischung eingelegt oder bei Kälte im Freien aufbewahrt.

… wurden in Tonkrügen frisch gehalten, die in den Hütten an die Decke gehängt wurden.

Milch …

Fleisch oder Fisch …

Flüssige Nahrungsmittel …

Getreidekörner …

Die Mittel- und Jungsteinzeit

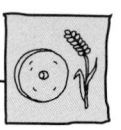

Töpfern von Tongefäßen

Eine der bedeutendsten Erfindungen der Steinzeit ist die Töpferei.
Man formte Krüge und Gefäße aus Ton, der mit Wasser angemacht wurde,
und brannte sie anschließend im Ofen oder in der Sonne.

Es war nun möglich, Gefäße in jeder Größe und Form zu töpfern,
in denen man feste und flüssige Nahrungsmittel aufbewahren konnte.
Sie dienten aber auch zum Kochen, da man nun in den Töpfen
Fleisch, Suppen, Gemüse und Getreide in siedendem Wasser
zubereiten konnte.
Bevor die Drehbank erfunden wurde, gab es zwei Methoden,
um die Gefäße zu formen:

Entweder man formte mit den Händen eine Kugel aus Ton,
indem man sie in der Innenhand rollte und sie dann mit den Fingern
aushöhlte.

Oder man ging so vor, wie auf dieser Zeichnung:

Mit Wasser konnte die Gefäßwand glatt gestrichen
und anschließend verziert werden. Das geschah mit den Fingernägeln,
anderen spitzen Gegenständen oder man drückte Muscheln
in den noch weichen Ton.

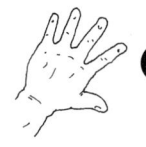

❶ Probier es aus: Forme selbst aus Ton eine schöne Vase.

Die Mittel- und Jungsteinzeit

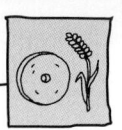

Spinnen und Weben

In der Jungsteinzeit lernte man, Wolle oder Leinen zu Stoffen und Kleidern zu verarbeiten. Die Menschen trugen nicht mehr die Tierfelle wie in der Altsteinzeit.

So wurde aus Schafwolle Stoff hergestellt:

❶ Verbinde die einzelnen Schritte mit dem passenden Bild.

1.	Das Schaf wird geschoren.
2.	Die Wolle wird gewaschen und gekämmt.
3.	Die Wolle wird mithilfe einer dünnen Spindel zu Garn gesponnen und auf eine Spule gewickelt.
4.	An einen Rahmen aus Holz werden mehrere Fäden aufgehängt und mit einem Gewicht versehen, damit sie gespannt bleiben.
5.	Mit einem spitzen Schiffchen wird nun der Faden von der Seite zwischen die hängenden Fäden geflochten. Einmal vorne, einmal hinten vorbei. Beim letzten Faden wendet man das Schiffchen und kehrt auf die gleiche Art wieder zurück.
6.	Dieses Hin und Her wird so oft wiederholt, bis ein Stoff entsteht.

Die Mittel- und Jungsteinzeit

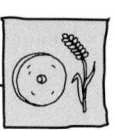

Spinnen und Weben

❶ Schneide die einzelnen Sätze aus.

Ist die Reihenfolge richtig, ergibt sich ein Lösungswort.

E	Beim letzten Faden wendet man das Schiffchen und kehrt auf die gleiche Art wieder zurück.
N	An einen Rahmen aus Holz werden mehrere Fäden aufgehängt und mit einem Gewicht versehen, damit sie gespannt bleiben.
D	Mit einem spitzen Schiffchen wird nun der Faden von der Seite zwischen die hängenden Fäden geflochten, einmal vorne, einmal hinten vorbei.
P	Die Wolle wird gewaschen und gekämmt.
I	Die Wolle wird mithilfe einer dünnen Spindel zu Garn gesponnen und auf eine Spule aufgewickelt.
S	Das Schaf wird geschoren.
L	Dieses Hin und Her wird so oft wiederholt, bis ein Stoff entsteht.

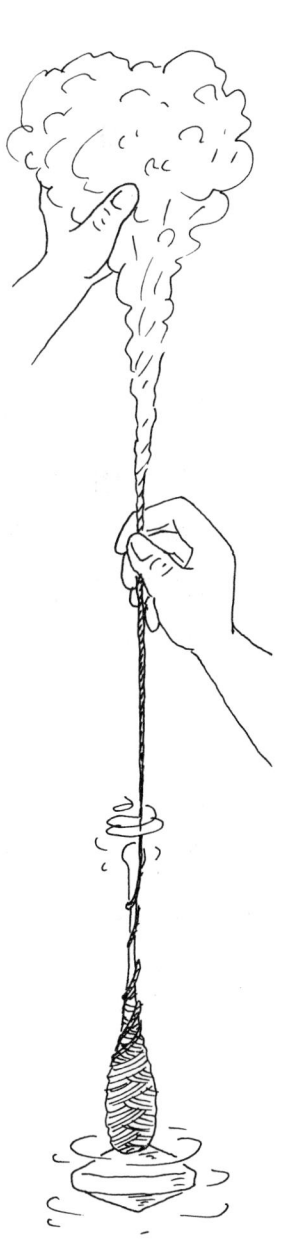

Lösungswort:

Marisa Herzog: Geschichte einfach und handlungsorientiert: Die Steinzeit
© Persen Verlag

Die Mittel- und Jungsteinzeit

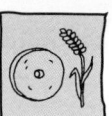

Spinnen und Weben

❶ Probier es aus: Webe selbst ein Stück Stoff.

Du brauchst dazu:

- einen A4-Karton
- Garn
- Wolle
- einen gelochten Plastikstreifen aus einem Schnellhefter (= „Schiffchen")

① Schneide oben und unten in den Karton etwa 1,5 cm lange Kerben im Abstand von 0,5 cm.

② Spanne das Garn um deinen Karton. (Den Karton natürlich nicht knicken.)

③ Ziehe das Schiffchen mit der Wolle abwechselnd einmal über und einmal unter den gespannten Faden bis zum Ende durch.

④ Auf dem Rückweg musst du den Faden genau andersherum durchziehen. Kommt das Schiffchen mit der Wolle am Ende also unter einem Faden raus, dann startest du, indem du nun das Schiffchen über den Faden ziehst.

⑤ Das wiederholst du nun, bis dein Webstück die gewünschte Länge hat.

Achte darauf, dass der Faden am Rand nicht zu straff um die hinteren Fäden gezogen wird.

Die Mittel- und Jungsteinzeit

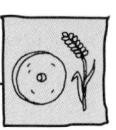

Arbeitsteilung und Tauschhandel

Früher war es klar, dass die Frauen und Mädchen sammelten, die Männer und Jungen zur Jagd gingen und kleinere Kinder oder ältere Menschen auf das Feuer aufpassten. Mit der Erfindung des Rades, der Töpferei, der Weberei oder der Ackergeräte entstanden viele neue Gegenstände und Nahrungsmittel. Die Menschen fingen an, hergestellte Nahrungsmittel, Materialien oder Werkzeuge nicht nur für sich herzustellen, sondern begannen zu tauschen. Der eine hatte einen Topf, aber kein Brot, der andere hatte leckeres Fladenbrot, aber einen zerbrochen Topf. Das ließ sich doch gut tauschen.

So fingen die ersten Tauschgeschäfte an: Es wurde gehandelt.

❶ Benenne die Tätigkeiten, die die Menschen auf diesem Bild verrichten.

❷ Schreibe dazu, welche Dinge sie danach zum Tausch anbieten können.

1 *Töpfern: praktische Gefäße*

2 _____

3 _____

4 _____

5 _____

6 _____

❸ Rollenspiel: Übt eine kurze Szene ein, die zeigt, wie auf einem Markt früher gehandelt und getauscht worden sein könnte.

Die Mittel- und Jungsteinzeit

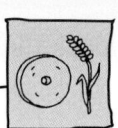

Lernwörter: Mittel- und Jungsteinzeit

❶ Umkreise alle Wörter, die du vorher nicht kanntest.

❷ Erkläre dann deinem Partner, was sie bedeuten.

Schweine
Pfahlbauten   Mahlstein   Webstuhl   Viehzucht
Ton   Hülse   Weideland   sesshaft   Rinder
Bewässerung   Ackerbauer   Landwirt
Hülsenfrüchte   Spindel   Mehl   Ähre   Schafe
fruchtbar   Fladenbrot   Getreide

❸ Schreibe diese Wörter richtig auf.

Pfahlbauten		Ackerbauer	
töpfern		Webstuhl	
Viehzucht		Mahlstein	
Fladenbrot		Hülsenfrüchte	

Die Mittel- und Jungsteinzeit

Lernwörter: Mittel- und Jungsteinzeit

❶ Beschrifte die Bilder – achte auch auf die Rechtschreibung.

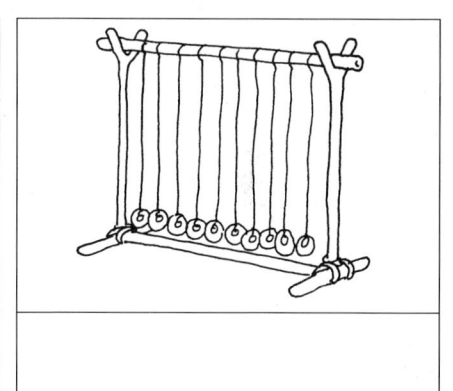

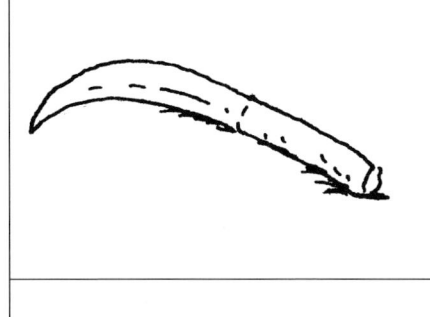

Marisa Herzog: Geschichte einfach und handlungsorientiert: Die Steinzeit
© Persen Verlag

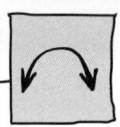

Vergleich: Altsteinzeit – Mittel-/Jungsteinzeit

❶ Verbinde die Begriffe aus der Altsteinzeit mit den Gegenbegriffen aus der Mittel- und Jungsteinzeit.

Altsteinzeit		Jungsteinzeit
	Jagd	Wolle, Stoff
	Sammler	sesshaft
	Höhle	Viehzucht
	Nomade	Ackerbau
	Tierhaut	Hütten

❷ Ordne die Begriffe in der Tabelle richtig zu.

	Altsteinzeit	Mittel-/Jungsteinzeit
Wie beschafften sich die Menschen Fleisch?		
Wie beschafften sich die Menschen Pflanzen?		
Worin wohnten die Menschen?		
Woraus fertigten sich die Menschen ihre Kleider an?		
Wie lebten die Menschen?		

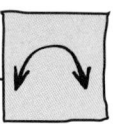

Vergleich: Altsteinzeit – Mittel-/Jungsteinzeit

❶ Ordne die Begriffe den beiden Zeitabschnitten richtig zu

Hülsenfrüchte, Landwirt, Milch, Dorf, Beeren, Sammler, Rad, Pflug, Kräuter, sesshaft, Wolle, Harpune, Fladenbrot, Höhle, Nomaden, Jäger, Käse, Wildschwein, Faustkeil, Hirsch, Webstuhl, Leder, Zelt, Speer, Schafe, töpfern, Pfahlbauten, Mammut, Hütten, Steinschleuder, Bison, Spindel, Schweine, Getreide, Mehl, Mörser, Ackerbauer, Felle

	Altsteinzeit	Mittel-/Jungsteinzeit
Berufe		
Wohnform		
Nahrung		
Tiere		
Waffen und Werkzeuge		
Kleider		

Vergleich: Altsteinzeit und Mittel-/Jungsteinzeit

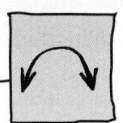

Vergleich: Altsteinzeit – Mittel-/Jungsteinzeit

Ein Steinzeittag

❶ Lies den Tageslauf eines heutigen Kindes und beschreibe den gleichen Tag, wie er vor zehntausenden von Jahren abgelaufen sein könnte.

Um 7 Uhr morgens klingelte mein Wecker.
Es war noch dunkel und ich knipste das Licht an.
Dann stand ich auf, ging ins Bad, duschte und
kämmte mich. Ich zog ein weißes T-Shirt
und meine Lieblings-Jeans an.

Aus der Küche roch es nach leckeren frischen Brötchen.
Mama hatte mir eine Tasse Kakao im Mikrowellenherd erhitzt.

Nach dem Zähneputzen nahm ich meine Schultasche,
zog meine warme Jacke an und ging zur Bushaltestelle.

In der Schule hatte ich Mathe, Geschichte und Deutsch.

Zum Mittagessen hatte Mama Spaghetti mit Tomatensoße gekocht.

Am Nachmittag erledigte ich zuerst meine Hausaufgaben,
dann holte ich mir in der Bibliothek ein Buch.

Als mein Vater am Abend aus dem Büro nach Hause kam, zeigte er mir,
wie ich am Computer eine E-Mail versenden konnte. Ich schrieb gleich
meiner Freundin Jennifer in Amerika. Danach setzte ich mich noch kurz
vor den Fernseher und ging dann zu Bett.

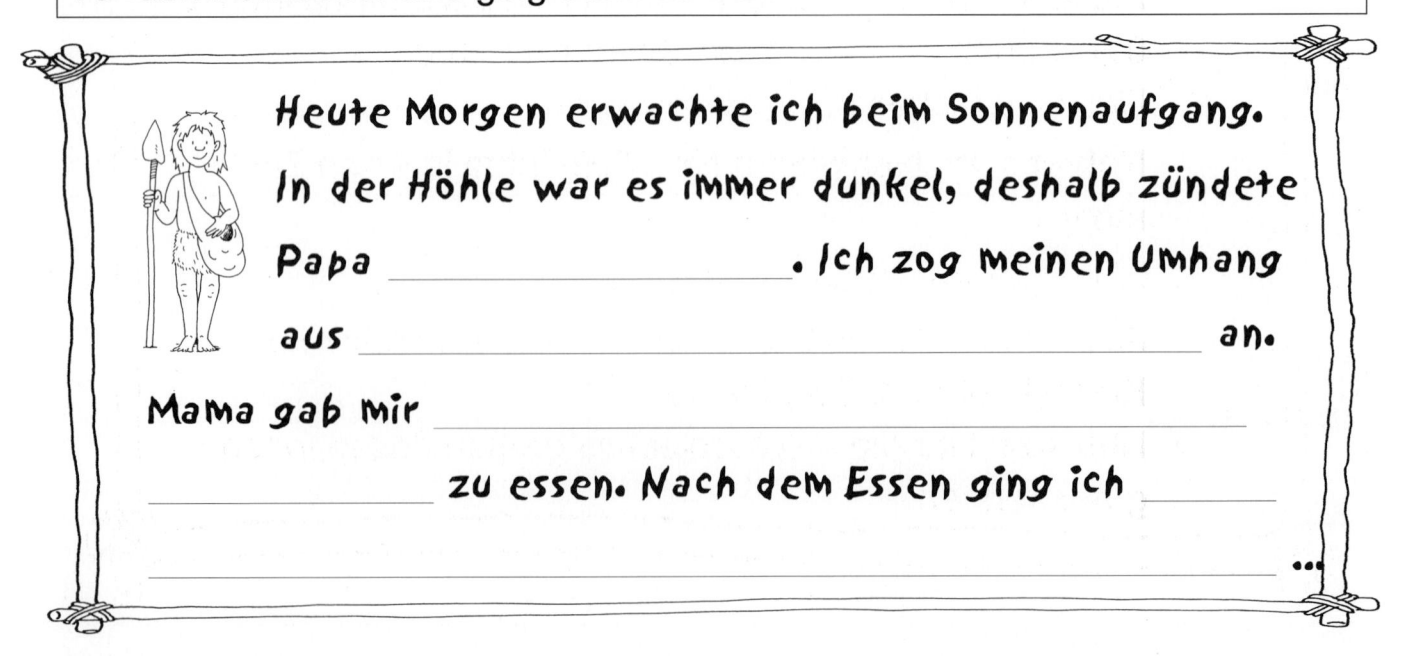

*Heute Morgen erwachte ich beim Sonnenaufgang.
In der Höhle war es immer dunkel, deshalb zündete
Papa _____. Ich zog meinen Umhang
aus _____ an.
Mama gab mir _____
_____ zu essen. Nach dem Essen ging ich _____
_____ ...*

Vergleich: Altsteinzeit und Mittel-/Jungsteinzeit

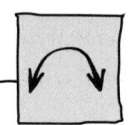

Die großen Zeitspannen sichtbar machen

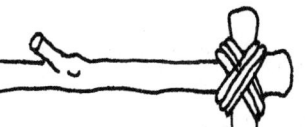

❶ Macht die unterschiedliche Länge der Alt- und Mittel-/Jungsteinzeit sowie der Zeit bis heute sichtbar.

- Messt in der Klasse ein Stück roter Wolle ab.
  Sie soll ungefähr die Länge der Altsteinzeit darstellen.
  Die Altsteinzeit dauerte von 2.500.000 bis ca. 8.000 v. Chr.
  Das sind: 2.500.000–8.000 = _____ Jahre.
  Um dies gut darstellen zu können, nehmt für 1.000 Jahre je einen Zentimeter:
  _____ Jahre : 1000 Jahre = _____ cm.

- Die Mittel-/Jungsteinzeit dauerte von 8.000 v. Chr. bis 2.000 v. Chr. Diese stellt ihr mit blauer Wolle dar.
  Die Mittel-/Jungsteinzeit dauerte insgesamt _____ Jahre.

  Nehmt auch hier pro 1.000 Jahre je einen Zentimeter:
  _____ Jahre : 1000 Jahre = _____ cm

- Für die Zeit vom Ende der Mittel-/Jungsteinzeit bis heute nehmt ihr grüne Wolle.
  Vom Ende der Mittel-/Jungsteinzeit bis heute sind es von 2.000 v. Chr. an noch _____ Jahre bis zum Zeitpunkt 0 und dann noch _____ Jahre bis heute.
  Das sind insgesamt _____ Jahre.

  Nehmt auch hier wieder für 1.000 Jahre je einen Zentimeter:
  _____ Jahre : 1000 Jahre = _____ cm

- Jetzt klebt alle Wollstücke zusammen und rollt das Knäuel auf dem Schulhof ab.

- Nun könnt ihr die unterschiedlich großen Zeitspannen gut erkennen.

Steinzeit-Dorffest

Bereitet in Gruppen je einen Stand für das Steinzeit-Dorffest vor.

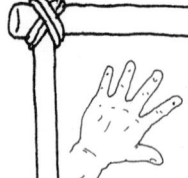

Gruppe 1: Herstellen von Steinzeitbekleidung und Accessoires im Steinzeit-Look

- Ihr näht aus Leder, Lederresten, Fellen und Fellresten einfache Lendenschurze und knüpft oder bindet sie mit Schnüren um den Körper.
- Fell- und Lederschuhe fertigt ihr auf die gleiche Art an.
- Wenn euch ein großes Fell- oder Lederstück zur Verfügung steht, schneidet ihr in der Mitte ein Loch aus und schon kann der Umhang über den Kopf gezogen werden.
- Kleinere Fellreste vernäht ihr miteinander zu größeren Stücken, die ihr dann steinzeitgemäß anzieht.
- Mit weiteren Fellresten peppt ihr bestehende Kleider auf, indem ihr die Felle daraufnäht oder alte Schuhe und Stiefel damit beklebt.
- Tipp: Ihr könnt auch Ersatzstoffe verwenden, z. B. einen alten Kartoffelsack.

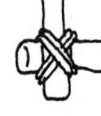

Gruppe 2: Basteln von feinen Leder- und Fellbeuteln

- Ihr benötigt ein rundes Stück Leder von ca. 20 cm Durchmesser.
- Mit einer Lochzange stanzt ihr je 1 cm vom Rand entfernt rundum Löcher im Abstand von 3 bis 4 cm.
- Nun zieht ihr ein Lederband durch die Löcher und fertig ist ein hübscher Lederbeutel.
- Statt des Leders könnt ihr natürlich auch Fell für tolle Fellbeutel nehmen.

Steinzeit-Dorffest

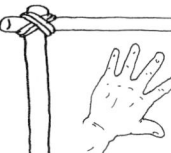

Gruppe 3: Basteln von Steinzeit-Schmuckstücken wie Halsketten und Glücks-Armbändern

- Sammelt im Wald Bucheckern, Tannzapfen, Kastanien, Schneckenhäuschen und weitere geeignete „Anhänger".
- Diese reiht ihr auf ein Lederband oder eine Schnur auf.
- Auch Felle und Lederfetzen, Holzspäne, Speckstein, sogar kleine Knochen machen sich gut und werden so zum Schmuckstück.

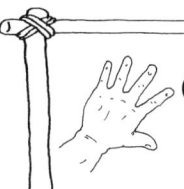

Gruppe 4: Schminken für die Jagd

- Ihr sucht Erde in verschiedenen Rot-, Gelb- und Brauntönen.
- Außerdem benötigt ihr Holzkohle, z. B. für schwarze Augenringe …
- Mischt diese Erde mit etwas Wasser und bemalt möglichst originell Kopf, Arme und Beine.

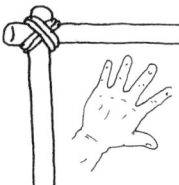

Gruppe 5: Steinzeit-Imbiss

- Ihr zermahlt mithilfe von zwei Steinen Getreidekörner zu Grieß. Gebt anschließend Milch, Beeren, Äpfel, Möhren und Honig zum Süßen dazu – fertig ist ein leckeres Steinzeit-Müsli.
- Falls ihr noch Getreidekörner übrig habt, mahlt ihr sie zu feinem Mehl und backt daraus ein Fladenbrot. Das Rezept findet ihr auf Seite 60.
- Für eine köstliche Steinzeit-Suppe erhitzt ihr Wasser, gebt einige Würfel Kartoffeln, Gemüse und würzige Kräuter dazu. Wenn ihr wollt, könnt ihr die Suppe mit etwas Brühe verfeinern. Zum Schluss könnt ihr einige Stückchen Fladenbrot hinzufügen.

Steinzeit-Dorffest

Gruppe 6: Steinzeit-Spiele

- Beim Steinzeitboccia sucht sich jeder Mitspieler zwei runde Kieselsteine. Zuerst werft ihr einen großen Stein, dann versucht jeder Mitspieler, seine zwei kleinen Steine möglichst nahe an den großen zu rollen. Gewonnen hat, wer seinen Stein am nächsten an den großen Stein gerollt hat.
- Sucht im Bach oder im Wald 16 unterschiedliche Steine und legt sie für das Steinzeit-Memory in vier Reihen als Quadrat auf dem Boden aus. Die Mitspieler dürfen sie eine Weile betrachten. Dann dreht sich einer um und die andern vertauschen zwei Steine. Findet der Mitspieler die vertauschten Steine?

Gruppe 7: Steinzeit-Handwerk

- Ihr versucht, wie in der Steinzeit Feuer zu machen, indem ihr verschiedene feste Hölzer aneinanderreibt. Durch die Reibungshitze und den Bohrstaub solltet ihr trockene Gräser, Fasern oder Zunderholz zum Brennen bringen.

- Oder ihr versucht mit Materialien aus der Natur, Steinzeitwerkzeuge nachzubauen.

Rätsel und Spiele

Großes Steinzeit-Quiz

① Welches war das größte Tier der Steinzeit?
   ○ Mammut   ○ Saurier   ○ Elefant   ○ Bär

② Woraus machten die Steinzeitmenschen ihre Töpfe?
   ○ Stein   ○ Ton   ○ Stoff   ○ Leder

③ Welche Aufgabe hatten die Männer in der Altsteinzeit?
   ○ Bauer   ○ Viehzüchter   ○ Jäger   ○ Lehrer

④ Welche Aufgabe hatten die Frauen in der Altsteinzeit?
   ○ Weberinnen   ○ Töpferinnen   ○ Sammlerinnen   ○ Näherinnen

⑤ Welche Tiere jagten die Urmenschen?
   ○ Hauskatzen   ○ Wildschweine   ○ Löwen   ○ Fliegen

⑥ Wo wohnten die Menschen in der Altsteinzeit?
   ○ Pfahlbauten   ○ Hütten   ○ Hochhäuser   ○ Höhlen

⑦ Wo wohnten die Menschen in der Mittel-/Jungsteinzeit?
   ○ Wohnwagen   ○ Hütten   ○ Hochhäuser   ○ Höhlen

⑧ Woraus machten die Menschen in der Altsteinzeit ihre Kleider?
   ○ Wolle   ○ Tierhaut   ○ Seidenstoff   ○ Jeansstoff

⑨ Wann lebten die Steinzeitmenschen?
   ○ etwa zur Zeit meiner Urgroßmutter
   ○ vor zwanzigtausend Jahren
   ○ vor etwa hundert Jahren
   ○ zur Zeit der Dinosaurier

⑩ Wie alt wurden die Menschen in der Steinzeit höchstens?
   ○ fünfzehn Jahre   ○ dreißig bis vierzig Jahre
   ○ siebzig bis achtzig Jahre   ○ hundert Jahre

⑪ Wie haben die Menschen der Altsteinzeit ihre Höhlen geschmückt?
   ○ mit Malereien
   ○ mit schönen Möbeln und farbigen Vorhängen
   ○ mit Töpfen
   ○ mit Rosen und Tulpen

Rätsel und Spiele

⑫ Wann begannen die Menschen, das Feuer zu nutzen?
  ○ erst seit es Häuser mit Kaminfeuer gibt
  ○ in der Mittel-/Jungsteinzeit
  ○ in der Altsteinzeit
  ○ vor etwa tausend Jahren

⑬ Was heißt „Die Menschen wurden sesshaft"?
  ○ sie haben den Sessel erfunden
  ○ sie setzten sich vor der Höhle nieder
  ○ sie hatten Sessel in der Höhle
  ○ sie hatten einen festen Wohnsitz

⑭ Wie heißt das älteste Werkzeug der ersten Menschen?
  ○ Hammer
  ○ Zange
  ○ Schere
  ○ Faustkeil

⑮ Wann wurde das Rad erfunden?
  ○ in der Mittel-/Jungsteinzeit
  ○ in der Altsteinzeit
  ○ gar nicht, das Rad gab es schon immer
  ○ als die Autos erfunden wurden

⑯ Weshalb heißt die Steinzeit Steinzeit?

Rätsel und Spiele

Großes Steinzeit-Kreuzworträtsel

Rätsel und Spiele

Großes Steinzeit-Kreuzworträtsel

Waagerecht

1. Welche Aufgabe hatten die Frauen in der Altsteinzeit?
5. Die Steinzeitmenschen lebten vor mehreren … Jahren.
11. Welche Aufgabe hatten die Männer in der Altsteinzeit?
14. Wie alt wurden die Menschen in der Steinzeit ungefähr?
15. Ein Neandertaler war ein …
18. Womit schmückten die Menschen der Altsteinzeit ihre Höhlen?
21. Wie heißt das älteste Werkzeug der ersten Menschen?
22. Wann begannen die Menschen, das Feuer zu nutzen?
25. Woraus machten die Menschen in der Altsteinzeit ihre Kleider?

Senkrecht

1. Menschen, die einen festen Wohnsitz haben, sind …
2. Wann wurde das Rad erfunden?
4. Welches war das größte Tier der Steinzeit?
6. Woraus machten die Steinzeitmenschen ihre Töpfe?
8. Welche Tiere jagten die Urmenschen und züchteten sie dann später zu Haustieren?
9. Wo wohnten die Menschen in der Mittel-/Jungsteinzeit?
12. In der Mittel-/Jungsteinzeit betrieben die Menschen …
15. Wo wohnten die Menschen in der Altsteinzeit?

Rätsel und Spiele

Kleines Steinzeit-Rätsel

Tätigkeiten, Tiere und Gegenstände der Mittel-/Jungsteinzeit

Die grauen Felder von oben nach unten ergeben ein anderes Wort für Jungsteinzeit.

Ein anders Wort für Jungsteinzeit: ☐☐☐☐☐☐☐☐☐☐☐

Welches Wort gehört nicht dazu?

Finde die Wörter, die nicht zu den anderen passen. Die Anfangsbuchstaben der falschen Wörter ergeben das englische Wort für Steinzeit:

Saale	Webstuhl	Brombeeren	Nutella
Mindel	Telefon	Pilze	Fladenbrot
Riss	Spindel	Nüsse	Butter
Würm	Töpferscheibe	Orangen	Käse
Holz	Bison	Pfeil	Erdbeeren
Knochen	Rentier	Bogen	Schokolade
Eisen	Mammut	Harpune	Gummibärchen
Leder	Ameise	Gewehr	Vanilleeis

Das englische Wort für Steinzeit: ☐☐☐☐☐☐☐☐

Marisa Herzog: Geschichte einfach und handlungsorientiert: Die Steinzeit
© Persen Verlag

Rätsel und Spiele

Kleines Steinzeit-Rätsel: Logical

1. Der Steinzeitjunge mit dem rötlichen Lendenschurz trägt einen grünen Speer.

2. Der Steinzeitjunge mit dem gelben Lendenschurz hat eine grüne Riementasche.

3. Der Steinzeitjunge mit dem rötlichen Lendenschurz hat keine rötlichen Haare.

4. Der Steinzeitjunge mit der schwarzen Riementasche hat schwarze Haare.

5. Der Steinzeitjunge mit der grauen Riementasche hat braune Haare.

6. Der Steinzeitjunge, der nicht am Rand steht, trägt einen gelben Lendenschurz.

7. Ein Steinzeitjunge trägt einen schwarzen Speer.

8. Der Steinzeitjunge links trägt einen braunen Lederschurz.

9. Ein Steinzeitjunge am Rand trägt einen braunen Speer.

10. Der Steinzeitjunge, der links von dem mit der grünen Riementasche steht, hat eine schwarze Riementasche.

Rätsel und Spiele

Steinzeit-Würfelspiel

Start	Von wann bis wann dauerte die Altsteinzeit? **1.**	**2.**	Kaltzeit 1 × aussetzen. **3.**
15.	Die Steinzeitmenschen haben das Feuer entdeckt. Rücke zwei Felder vor. **14.**	**13.**	Erkläre, wie die Steinzeitmenschen einen Faustkeil mit der Schlagtechnik herstellten. **12.**
16. Du hast das Feuer ausgehen lassen. Zur Strafe musst du drei Felder zurück.	**17.**	**18.**	Beschreibe einen der Tricks, mit dem die Steinzeitjäger die großen Tiere gefangen haben. **19.**
Zähle vier der ersten Haustiere auf. **31.**	**30.**	Gäste kommen. Erzähle, was die Steinzeit-Mutter gekocht haben könnte. **29.**	**28.**
Pech! Du bist im Wald gestolpert und hast deinen Fuß verstaucht. Eine Runde aussetzen. **32.**	**33.**	Erkläre, wie der Webstuhl funktioniert. **34.**	**Ziel**

Als Spielplan mit S. 86 zusammenkleben.

Rätsel und Spiele

Nenne die Namen der vier Kaltzeiten. **4.**	**5.**	Nenne mindestens fünf Tiere, die in der Kaltzeit gelebt haben. **6.**	Kalt! Du frierst und musst dich bewegen. 10 Kniebeugen oder 2 Felder zurück **7.**
Zeichne eine Harpune an die Wandtafel. **11.**	Wie nennt man Menschen, die nicht an einem festen Ort wohnen? **10.**	**9.**	Nenne drei Materialien, aus denen Steinzeitmenschen Waffen und Werkzeuge herstellten. **8.**
Jagdglück! Die Jäger kommen mit einem erlegten Rentier zurück. Du machst einen Freudensprung. **20.**	**21.**	Wenn du die Zeit nach der Altsteinzeit ohne Fehler an die Tafel schreibst, darfst du zwei Felder vorrücken. **22.**	Erkläre, was das heißt: Die Menschen werden sesshaft. **23.**
Wie wurde die Milch behandelt, damit sie aufbewahrt werden konnte? **27.**	**26.**	**25.**	Fladenbrot **24.**

Spielregeln:

- Fragefelder = Beantworte die Fragen.
- Ist die Lösung richtig, darfst du dort bleiben.
- Kannst du die Aufgabe nicht lösen, gehe auf das Feld zurück, von dem du gerade gekommen bist.
- Leere Felder = hier darfst du dich ausruhen.
- Pech- und Glücksfelder = rücke je nach Anweisung vor oder zurück.

Als Spielplan mit S. 85 zusammenkleben.

Das sollte ich jetzt wissen …

Das sollte ich jetzt wissen …	Das kann ich:		
	sicher	mit kleinen Fehlern	noch nicht
Ich kann vier wichtige Menschengattungen aufzählen, die sich in der Steinzeit entwickelten.	❏	❏	❏
Ich kann das wichtigste Werkzeug der Menschen in der Altsteinzeit nennen und beschreiben oder zeichnen.	❏	❏	❏
Ich weiß, dass es Kaltzeiten und Warmzeiten gibt und dass eine Kaltzeit ungefähr 100.000 Jahre dauert.	❏	❏	❏
Ich kann fünf Materialien aufzählen, aus denen die Menschen in der Altsteinzeit Werkzeuge herstellten.	❏	❏	❏
Ich kann sechs Dinge aufzählen, für die die Menschen der Altsteinzeit Holz verwendeten.	❏	❏	❏
Ich kann fünf Waffen der Altsteinzeit-Menschen aufzählen.	❏	❏	❏
Ich kann fünf Gründe aufzählen, weshalb das Feuer für die Menschen damals so wichtig war.	❏	❏	❏
Ich kann den Begriff „Nomaden" erklären.	❏	❏	❏
Ich kann die beiden Berufe der Altsteinzeitmenschen nennen.	❏	❏	❏
Ich kann sechs Tiere der Altsteinzeit aufzählen.	❏	❏	❏
Ich kann sechs Nahrungsmittel aufzählen, die die Frauen und Kinder damals sammelten.	❏	❏	❏
Ich kann einen Trick beschreiben, den die Männer damals beim Jagen nutzten.	❏	❏	❏
Ich kann vier Teile eines Mammuts aufzählen und deren damalige Verwendung nennen.	❏	❏	❏

Das sollte ich jetzt wissen …

Das sollte ich jetzt wissen …	Das kann ich:		
	sicher	mit kleinen Fehlern	noch nicht
Ich kann in zwei oder mehr Sätzen beschreiben, wie die Altsteinzeitmenschen wohnten.	❏	❏	❏
Ich kann auf dem Zeitstrahl das ungefähre Ende der Altsteinzeit und den Beginn der Mittel- und Jungsteinzeit einzeichnen.	❏	❏	❏
Ich kann das Wort „sesshaft" erklären.	❏	❏	❏
Ich kann drei Materialien aufzählen, die die Menschen in der Mittel-/Jungsteinzeit für den Hausbau verwendeten.	❏	❏	❏
Ich kann drei neue Erfindungen der Mittel-/Jungsteinzeit aufzählen.	❏	❏	❏
Ich kann drei neu entdeckte Nahrungsmittel aufzählen.	❏	❏	❏
Ich kann die beiden neuen Aufgaben der Menschen der Mittel-/Jungsteinzeit nennen.	❏	❏	❏
Ich kann vier Haustiere der Mittel-/Jungsteinzeit aufzählen und zu jedem zwei Nutzen für die damaligen Menschen nennen.	❏	❏	❏
Ich kann vier Dinge aufzählen, die die Menschen damals tauschten.	❏	❏	❏
Ich kann fünf Unterschiede zwischen den Menschen der Altsteinzeit und denen der Mittel-/Jungsteinzeit aufzählen.	❏	❏	❏

Steinzeit-Test

1 Ergänze die grauen Felder. ___/3

Vertreter der Gattung Homo	Homo habilis	Homo erectus	Neandertaler	
Bedeutung	geschickter Mensch		Benannt nach seinem Fundort:	kluger, vernunftbegabter Mensch

2 Zeichne das wichtigste Werkzeug der Menschen der Altsteinzeit und schreibe den Namen darunter. ___/2

3 a) Wie nennt man die Zeiten, die auf dem Zahlenstrahl grau eingezeichnet sind?

b) Wie heißen die Zeiten, die dazwischenliegen?

a) _____

b) _____ ___/2

800.000 700.000 600.000 500.000 400.000 300.000 200.000 100.000 Jahr 0

| | | Günz Menap | | Mindel Elster | | Riss Saale | Würm Weichsel | |

4 Woraus stellten die Menschen in der Altsteinzeit ihre Werkzeuge her? Nenne vier Materialien. ___/4

Steinzeit-Test

5 Wofür verwendeten die Altsteinzeit-Menschen Holz? Nenne vier Dinge. ___/4

6 Wie heißt diese Waffe der Altsteinzeit-Menschen? ___/1

7 Nenne sechs Tiere, die von den Männern in der Altsteinzeit gejagt wurden. ___/6

8 Nenne vier Nahrungsmittel, die die Menschen in der Altsteinzeit fanden. ___/4

9 Wenn die Jäger ein Mammut erlegten, gab es nicht nur Fleisch zum Essen. Wozu verwendeten sie sein Fell?

Wozu verwendeten sie die Knochen? ___/2

10 Erkläre den Unterschied zwischen den Begriffen „Nomaden" und „sesshaft" ___/2

Steinzeit-Test

⓫ Welche Materialien verwendeten die Menschen in der Mittel-/ Jungsteinzeit für den Hausbau? Nenne drei.   ___/3

⓬ In der Mittel-/Jungsteinzeit wurden die Menschen von Jägern und Sammlern zu …   ___/2

⓭ Stell dir einen Markt in der Mittel-/Jungsteinzeit vor. Welche drei Dinge boten die Menschen damals bestimmt nicht zum Tausch an?   ___/3

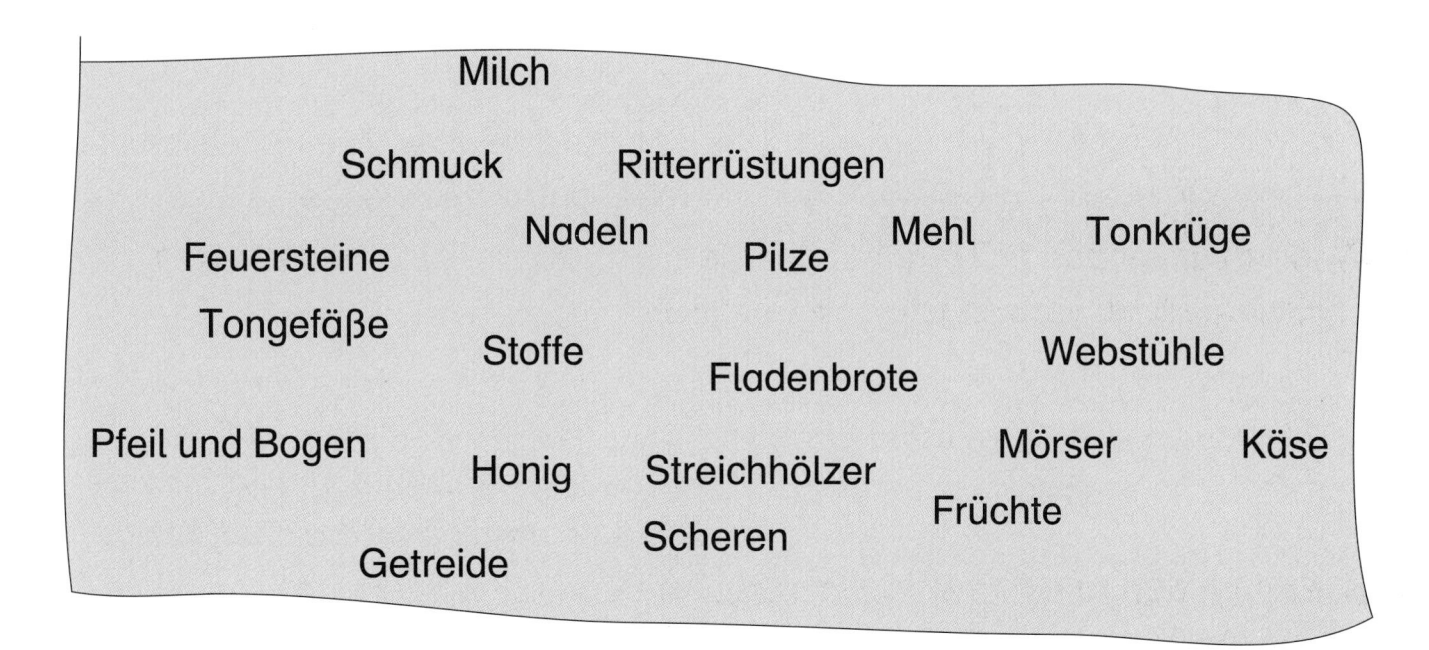

Milch
Schmuck   Ritterrüstungen
Nadeln   Mehl   Tonkrüge
Feuersteine   Pilze
Tongefäße
Stoffe   Webstühle
Fladenbrote
Pfeil und Bogen   Mörser   Käse
Honig   Streichhölzer
Früchte
Scheren
Getreide

Du hast: ___/38 **Punkten erreicht.**

Gesamtnote:

Lösungen

Materialien und Werkzeuge

Knochen

Auch Tierknochen konnten als Werkzeuge gebraucht werden.

❶ Nummeriere die Texte zu den passenden Zeichnungen.

 ①	① Man brauchte: • einen Knochen • einen scharfen Feuersteinsplitter • einen spitzen Feuerstein • einen weichen Schleifstein • und viel Geduld.
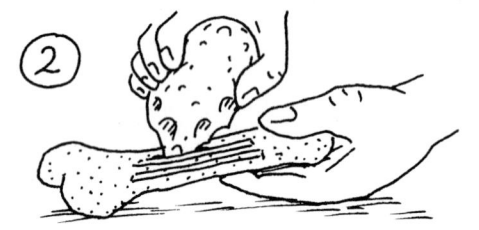 ②	② Mit dem scharfen Feuersteinsplitter ritzte man die Form einer Nadel in ein Knochenstück.
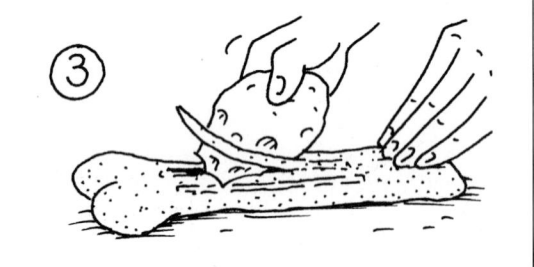 ③	③ Nach einiger Zeit löste sich die Nadel aus dem Knochen.
 ④	④ Die herausgelöste Nadel wurde spitz geschliffen. Hierfür verwendete man einen weichen Stein.
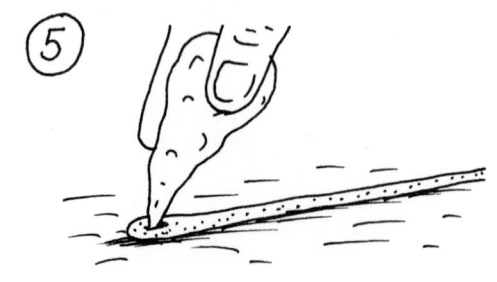 ⑤	⑤ Mit einem spitzen Feuerstein wurde zum Schluss noch ein Loch in das dicke Ende der Nadel gebohrt.

Lösung zu S. 19

Materialien und Werkzeuge

Waffen

Pfeil und Bogen

Stoßlanze

Wurfspeer

Speerschleuder

Harpune

Die Entdeckung des Feuers

Geheimschrift

Einmal fiel zufällig ein roher Fleischbrocken ins Feuer. Mmmh, das roch fein! Und als man es probierte, konnte man es viel besser kauen als rohes Fleisch.

Die Tiere der Altsteinzeit

Kreuzworträtsel

							M								
					1	W	O	L	F						
R	I	E	S	E	N	H	I	R	SCH						
					3	M	A	M	M	U	T				
			4	W	O	L	L	N	A	S	H	O	R	N	
					5	B	I	S	O	N					
		6	W	I	L	D	S	C	H	W	E	I	N		
						7	H	Ö	H	L	E	N	B	Ä	R
						8	S	Ä	B	E	L	Z	A	H	N	T	I	G	E	R
	9	W	I	L	D	P	F	E	R	D					
	10	H	Ö	H	L	E	N	L	Ö	W	E				

Lösung zu S. 23/28

Lösungen

Das Leben als Jäger und Sammler

Suchrätsel

W	M	B	Y	Z	K	H	F	S	M	E	E	Q	K
I	A	K	I	S	I	L	Q	Ä	O	F	E	P	C
L	M	L	X	S	O	G	U	B	S	J	H	H	X
D	M	Q	Q	W	O	L	C	E	C	O	Ö	S	X
S	U	V	A	H	O	N	X	L	H	L	H	R	N
C	T	N	M	Ö	J	K	H	Z	U	B	L	G	W
H	Z	B	K	H	J	M	E	A	S	M	E	G	I
W	W	O	L	L	N	A	S	H	O	R	N	Q	L
E	O	E	Y	E	R	N	K	N	C	C	B	U	D
I	L	T	P	N	V	A	F	T	H	B	Ä	C	P
N	I	D	A	L	N	R	O	I	S	V	R	C	F
E	R	L	J	Ö	D	S	Y	G	E	N	C	T	E
K	M	M	F	W	I	C	P	E	Z	E	Y	C	R
R	I	E	S	E	N	H	I	R	S	C	H	L	D

Quiz: Mittel- und Jungsteinzeit

① N A H R U N G
② W Ä R M E R
③ R A U M
④ F R E I E N
⑤ W E I D E L A N D
⑥ B E W Ä S S E R U N G
⑦ F L U S S
⑧ A C K E R
⑨ S E S S H A F T
⑩ N O M A D E N
⑪ D Ö R F E R
⑫ G E T R E I D E

Lösungen

Die Viehzucht: Haustierrätsel

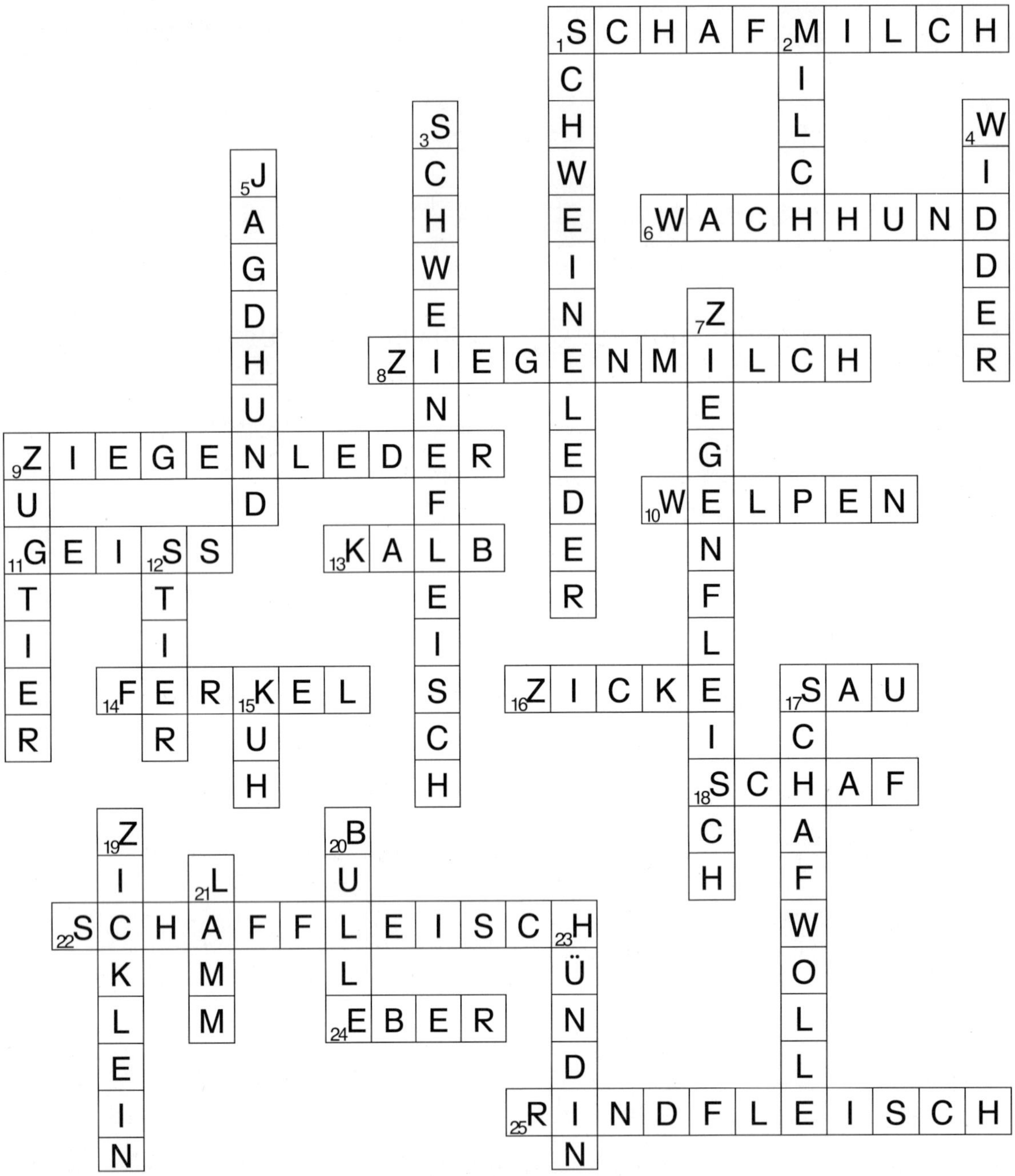

Lösung zu S. 63

Lösungen

Großes Steinzeit-Quiz

① Welches war das größte Tier der Steinzeit?
Mammut

② Woraus machten die Steinzeitmenschen ihre Töpfe?
Ton

③ Welche Aufgaben hatten die Männer in der Altsteinzeit?
Jäger

④ Welche Aufgaben hatten die Frauen in der Altsteinzeit?
Sammlerinnen

⑤ Welche Tiere jagten die Urmenschen?
Wildschweine

⑥ Wo wohnten die Menschen in der Altsteinzeit?
Höhlen

⑦ Wo wohnten die Menschen in der Mittel-/Jungsteinzeit?
Hütten

⑧ Woraus machten die Menschen in der Altsteinzeit ihre Kleider?
Tierhaut

⑨ Wann lebten die Steinzeitmenschen?
vor zwanzigtausend Jahren

⑩ Wie alt wurden die Menschen in der Steinzeit höchstens?
dreißig bis vierzig Jahre

⑪ Wie haben die Menschen der Altsteinzeit ihre Höhlen geschmückt?
mit Malereien

⑫ Wann begannen die Menschen, das Feuer zu nutzen?
in der Altsteinzeit

⑬ Was heißt „Die Menschen wurden sesshaft"?
festen Wohnsitz

⑭ Wie heißt das älteste Werkzeug der ersten Menschen?
Faustkeil

⑮ Wann wurde das Rad erfunden?
in der Mittel-/Jungsteinzeit

⑯ Weshalb heißt die Steinzeit Steinzeit?
Weil die Menschen in dieser Zeit gelernt haben, Werkzeuge und Waffen aus Stein herzustellen und zu verwenden.

Großes Steinzeit-Kreuzworträtsel

Lösungen

1. SAMMLERINNEN
2. JUNGSTEINZEIT
3. GETREIDE
4. MAMMUT
5. HUNDERTTAUSEND
6. TON
7. MEISSEL / STEINSCHLEUDER
8. WILDSCHWEINE
9. HÜTTEN
10. ACKERBAU
11. JÄGER
12. VIEHZUCHT
13. NEANDERTALER
14. DREISSIG
15. HÖHLENMENSCH
16. FLADENBROT
17. KRÄUTER
18. MALEREIEN
19. PILZ
20. TÖPFERN
21. FAUSTKEIL
22. ALTSTEINZEIT
23. FEUER
24. MAHLSTEIN
25. TIERHAUT

Lösung zu S. 81

Lösungen

Kleines Steinzeit-Rätsel: Logical

Haare	schwarz	rötlich	braun
Lendenschurz	braun	gelb	rötlich
Speer	braun	schwarz	grün
Tasche	schwarz	grün	grau

Lösung zu S. 84

Lösungen

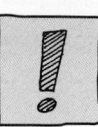

Steinzeit-Test

❶ Ergänze die grauen Felder. ___/3

Vertreter der Gattung Homo	Homo habilis	Homo erectus	Neandertaler	**Homo sapiens**
Bedeutung	geschickter Mensch	**aufrecht gehender Mensch**	Benannt nach seinem Fundort: **Neandertal**	kluger, vernunftbegabter Mensch

❷ Zeichne das wichtigste Werkzeug der Menschen der Altsteinzeit und schreibe den Namen darunter. ___/2

Faustkeil

❸ a) Wie nennt man die Zeiten, die auf dem Zahlenstrahl grau eingezeichnet sind?
b) Wie heißen die Zeiten, die dazwischenliegen?
a) Kaltzeiten b) Warmzeiten ___/2

800.000 700.000 600.000 500.000 400.000 300.000 200.000 100.000 Jahr 0

		Günz Menap		Mindel Elster		Riss Saale	Würm Weichsel	

❹ Woraus stellten die Menschen in der Altsteinzeit ihre Werkzeuge her? Nenne vier Materialien. ___/4
Stein, Holz, Tierknochen, Tierzähne, Tierfelle

Lösungen

5 Wofür verwendeten die Altsteinzeit-Menschen das Holz? Nenne vier Dinge. ___/4
Werkzeuge und Waffen, Gefäße, Floß, Brücke, Feuer, Aufhängevorrichtung

6 Wie heißt diese Waffe der Altsteinzeit-Menschen? ___/1
Harpune

7 Nenne sechs Tiere, die von den Männern in der Altsteinzeit gejagt wurden. ___/6
Mammut, Höhlenbär, Riesenhirsch, Wolf, Wollnashorn, Höhlenlöwe, Wildpferd, Säbelzahntiger, Wildschwein, Bison usw.

8 Nenne vier Nahrungsmittel, die die Menschen in der Altsteinzeit fanden. ___/4
Früchte, Beeren, Nüsse, Honig, Pilze, Wurzeln, Kräuter, Würmer, Schnecken, Heuschrecken, Ameisen usw.

9 Wenn die Jäger ein Mammut erlegten, gab es nicht nur Fleisch zum Essen. ___/2
Wozu verwendeten sie sein Fell?
Kleider und Decken

Wozu verwendeten sie die Knochen?
Werkzeuge

10 Erkläre den Unterschied zwischen den Begriffen „Nomaden" und „sesshaft" ___/2
Nomaden wechseln ständig ihren Wohnort. Wer sesshaft ist, hat einen festen Wohnsitz.

Lösung zu S. 90

Lösungen

⑪ Welche Materialien verwendeten die Menschen in der Mittel-/Jungsteinzeit für den Hausbau? Nenne drei. ___/3
Stein, Ton, Holz

⑫ In der Mittel-/Jungsteinzeit wurden die Menschen von Jägern und Sammlern zu … ___/2
Ackerbauern und Viehzüchtern

⑬ Stell dir einen Markt in der Mittel-/Jungsteinzeit vor. Welche drei Dinge boten die Menschen damals bestimmt nicht zum Tausch an? ___/3

Milch   **Ritterrüstungen**   Feuersteine   Mehl

Schmuck   Nadeln   Pilze   Tonkrüge

Tongefäße   Fladenbrote   Pfeil und Bogen

Stoffe   Webstühle   Honig

Streichhölzer   Mörser   Getreide   **Scheren**   Früchte

Käse

Differenzierte Arbeitsmaterialien zur sonderpädagogischen Förderung!

Sebastian Barsch (Hrsg.)
Das Mittelalter
Geschichte einfach und handlungsorientiert

Mit diesem Band motivieren Sie Ihre Schüler mühelos zur Auseinandersetzung mit den elementaren Themen des Mittelalters wie „Mittelalterliches Dorf", „Burg", „Kloster" und „Stadt im Mittelalter". Einfache einleitende Lesetexte und niveaudifferenzierte Arbeitsblätter sprechen auch schwächere Schüler an. Das Besondere ist die Vielzahl an handlungsorientierten Übungen wie das Backen von Kräuterbrötchen oder die Erstellung von Wappen. Damit keiner den Faden verliert, rundet ein Mittelalter-Lexikon diesen Band ab.
So schicken Sie Ihre Schüler auf die Spur der Ritter, Bischöfe und Bauern!

Buch, 92 Seiten, DIN A4
5. bis 9. Klasse
Best.-Nr. 23106

Marisa Herzog
Die Steinzeit
Geschichte einfach und handlungsorientiert

Das Buch bietet neben Verständnisfragen zu einfachen Texten und Lückentexten handlungsorientierte Aufgaben, mit denen Ihre Schüler dem Leben in der Steinzeit nachspüren können. Knobeleien, Würfelspiele, Rätsel und Quizfragen lockern die Vermittlung des Geschichtswissens auf. Zur fächerübergreifenden Arbeit werden Wortschatzübungen sowie Übungsdiktate mit den passenden Lernwörtern angeboten.
So schicken Sie Ihre Schüler auf die Spur der Steinzeitmenschen!

Buch, 102 Seiten, DIN A4
5. und 6. Klasse
Best.-Nr. 3325

Jens Eggert
Basiswissen Erdkunde: Welt
Fakten vermitteln und spielerisch festigen

Gebirge, Flüsse und Städte kennen, Länder, Staaten und Kontinente richtig zuordnen – das gehört zum Basiswissen, über das jeder verfügen sollte. Info- und Lückentexte, Spiele, Rätsel und Detektivaufgaben motivieren Ihre Schüler, sich immer wieder mit den Fakten auseinanderzusetzen. Die beiliegenden CDs bieten Spiele mit farbigen Spielkarten, Fragekarten, veränderbare Lernzielkontrollen sowie Lösungen zu den Lückentexten, Aufgaben und Rätseln.

Aus dem Inhalt:
Kontinente und Staaten, Ozeane und Meere, Sprachen und Flaggen
**Geografisches Grundwissen vermitteln –
spielerisch und nachhaltig!**

Mappe mit Kopiervorlagen, 68 Seiten,
DIN A4, inkl. CD
5. bis 9. Klasse
Best.-Nr. 2037

Rike Boedeker
Portfolioarbeit in der Förderschule

Ein Leitfaden für die praktische Arbeit

Schüler sollen stärker als bisher zur Reflexion über ihren eigenen Lernfortschritt angeleitet werden. Doch ist dieses Ziel auch von Förderschülern zu erreichen? Am Beispiel einer 6. Förderschul-Klasse mit dem Schwerpunkt Lernen zeigt der Leitfaden, wie die Arbeit mit dem Portfolio in der Praxis eingeführt und umgesetzt werden kann. Darüber hinaus werden Sie mit Begriffsdefinitionen und unterschiedlichen Formen der Portfolioarbeit vertraut gemacht. Speziell auf Förderschüler abgestimmte Kopiervorlagen ergänzen den Band.
Konkrete Ideen zur Umsetzung – so profitieren alle von der Portfolioarbeit!

Buch, 67 Seiten, DIN A4
5. bis 9. Klasse
Best.-Nr. 3251

Bergedorfer® Signalkarten – SoPäd
Visuelle Hilfen für Schulalltag und Unterricht im Förderschwerpunkt Geistige Entwicklung

Gerade im Bereich der sonderpädagogischen Förderung ist die Nutzung nonverbaler Signale von großer Bedeutung. Die Bergedorfer® Signalkarten unterstützen Sie bei der Vermittlung von Informationen, helfen Ihnen bei der Strukturierung von Unterricht und Schulalltag – und schonen Ihre Stimme. Das Set umfasst 54 farbige Bildkarten aus Karton zu den Themen Tagesstruktur, Arbeits- und Sozialformen, Tätigkeiten im Unterricht und Klassendienste. Sie sind besonders anschaulich und zielgruppengerecht illustriert. Die beiliegende CD enthält alle Karten zum Ausdrucken in verschiedenen Größen, sodass Sie diese nach individuellem Bedarf erstellen und nutzen können.
**Farbige Signalkarten für alle Fälle –
so schaffen Sie klare Strukturen für einen reibungslosen Unterrichtsalltag!**

54 farbige Bildkarten auf Karton, div. Formate,
inkl. CD mit farbigen Vorlagen
1- bis 8. Klasse
Best.-Nr. 21018

Unser Bestellservice:

Das komplette Verlagsprogramm finden Sie in unserem Online-Shop unter

www.persen.de

Bei Fragen hilft Ihnen unser Kundenservice gerne weiter.

Deutschland: ℡ 040/32 50 83-040 · Schweiz: ℡ 052/366 53 54 · Österreich: ℡ 0 72 30/2 00 11

Übungsmaterial für Schüler mit sonderpädagogischem Förderbedarf!

Heide und Rüdiger Hildebrandt
Größen aktiv entdecken

Größenvorstellungen entwickeln – mit Maßeinheiten rechnen

Der Band macht Ihre Schüler fit, mit Maßeinheiten richtig umzugehen – eine wichtige Fähigkeit für die Bewältigung des Alltags. Die Aufgaben entsprechen dabei alle dem Konzept des aktiventdeckenden Lernens. Einen Schwerpunkt bildet jeweils der Bereich „Schätzen", damit die Schüler eine sichere Vorstellung von Geld, Zeit, Längen und Gewichten entwickeln. Mit methodisch-didaktischem Kommentar zur Unterrichtsgestaltung.

Aus dem Inhalt:
Messen mit Körperteilen – Wege schätzen und messen – Wege vergleichen – Umgang mit Lineal, Maßband & Co.

Buch, 100 Seiten, DIN A4
4. bis 7. Klasse
Best.-Nr. 3776

Andrea Fingerhug
Stochastik in der Förderschule

Daten, Zufall und Wahrscheinlichkeit einfach und klar

Im Alltag begegnen Ihren Schülern viele Informationen in Form von Tabellen oder Diagrammen. Daher ist es wichtig, dass sie lernen, diese zu lesen und richtig zu interpretieren. Doch wie schaffen Sie es, Ihren Schülern die Fähigkeit zu vermitteln, eigene Daten in geeignete Darstellungen zu übertragen? Wie können Sie Ihren Schülern die Konzepte von Zufall und Wahrscheinlichkeit vermitteln? Das Buch bietet hierfür ausführliches und kleinschrittig aufgebautes Material zur Übung und Vertiefung der Themen: Listen und Tabellen, Diagramme, Zufallsversuche, Kombinatorik, Wahrscheinlichkeiten oder Mittelwert. Niveau differenzierte Lernkontrollen runden den Band ab.

Passgenaues Material zum Lehrplanthema „Daten und Häufigkeiten" für Schüler mit sonderpädagogischem Förderbedarf!

Buch, 88 Seiten, DIN A4
5. bis 9. Klasse
Best.-Nr. 23014

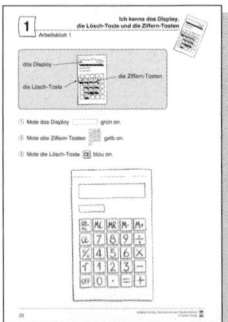

Isabelle Penning
Rechnen mit dem Taschenrechner

Kleinschrittige Übungsmaterialien für Schüler mit sonderpädagogischem Förderbedarf

Selbst ältere Schüler an Förderschulen haben häufig noch große Schwierigkeiten mit den Grundrechenarten. Gelöst werden kann dieses Problem, indem die Schüler einen Taschenrechner nutzen. Aber auch der Umgang mit diesem Hilfsmittel muss gelernt und gründlich trainiert werden. Dafür bietet dieser Band kleinschrittiges Übungsmaterial, das Ihren Schülern dabei hilft, die Funktionen kennenzulernen und das Rechnen mit dem Taschenrechner zu üben. Zusätzlich werden auch Strategien zur Fehlervermeidung trainiert. Am Ende winkt Ihren Schülern ein Zertifikat, das bestätigt, dass sie nun fit sind im Umgang mit dem Taschenrechner. Die beiliegende CD liefert Ihnen alle Arbeitsblätter im veränderbaren Word-Format samt Lösungen.

Ob im Alltag oder im Matheunterricht – jetzt wird der Taschenrechner für Ihre Schüler zu einer echten Hilfe!

Buch, 81 Seiten, DIN A4
6. bis 9. Klasse
Best.-Nr. 23225

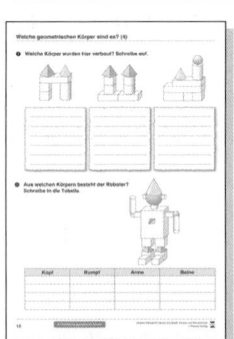

Andrea Schuberth, Martin Schuberth
Körper und Rauminhalte

Mit dieser Kombination aus einfachen, klar strukturierten Arbeitsblättern und handlungsorientierten Aufgaben können Sie die Raumvorstellung Ihrer Schüler optimal fördern. Alle Übungen fangen mit leichten Aufgaben an, die sich dann im Schwierigkeitsgrad nach und nach etwas steigern. So ist für jeden Ihrer Schüler immer die passende Übung dabei. Der Band bietet Materialien zu folgenden Themen: Erkennen und Benennen geometrischer Körper, Eigenschaften geometrischer Körper, Körpernetze, Oberfläche und Rauminhalt von Würfeln und Quadern, Oberfläche und Rauminhalt von Zylindern. Zwei kurze Wiederholungseinheiten zum Thema Flächen, einfach zu handhabende Bastelvorlagen für alle geometrischen Körper und ihre Netze sowie Lösungen zu allen Arbeits-blättern auf CD ergänzen das Material.

So fördern Sie die Raumvorstellung Ihrer Schüler – vom Erkennen geometrischer Körper bis zum Bestimmen der Rauminhalte!

Buch, 81 Seiten, DIN A4, inkl. CD
5. bis 9. Klasse
Best.-Nr. 23227

Unser Bestellservice:

Das komplette Verlagsprogramm finden Sie in unserem Online-Shop unter

www.persen.de

Bei Fragen hilft Ihnen unser Kundenservice gerne weiter.

Deutschland: 040/32 50 83-040 · Schweiz: 052/366 53 54 · Österreich: 0 72 30/2 00 11